**Portret van**

# NEDERLAND

**The Netherlands Die Niederlande
Les Pays-Bas Holanda
Olanda** オランダ

# Portret van
# NEDERLAND
## The Netherlands Die Niederlande
## Les Pays-Bas Holanda
## Olanda オランダ

Holland Book Sales bv – Helmond

CIP-GEGEVENS KONINKLIJKE
BIBLIOTHEEK, DEN HAAG

Portret

Portret van Nederland. – Helmond: Holland Book Sa-
les. – Foto's
Tekst in het Nederlands, Engels, Duits, Frans, Spaans,
Italiaans, Japans. – 1e dr.: Leeuwarden: Jansma & Terpstra,
1986.
ISBN 90-72088-02-6 geb.
NUGI 675
Trefw.: Nederland: fotoboeken.


© 1991 Herziene editie: Holland Book Sales B.V. –
Helmond
ISBN 90.72088.02.6

Lithografie: LASER '92, S.A. (Barcelona, Spanje)
Druk-en Bindwerk: EGEDSA (Sabadell-Spanje)
D.L.B.-3.173-1991

# Variatie in het vlakke laagland

Vlak en laag is het land, doorsneden door rivieren en omspoeld door de Noordzee. Het groen van de weilanden, de weelde van de bossen, de grillige vormen van de duinenrijen kunnen niet verhullen, dat bijna de helft van de vierendertigduizend vierkante kilometer Nederland in een eeuwenlange strijd veroverd is op de zee. Waar nu de boeren hun land bewerken, politici vergaderen en kinderen indiaantje spelen, heersten kortgeleden nog de woeste golven van de Noord- en Zuiderzee en van uitgestrekte meren. De bodem onder die watermassa's was en is vlak, en dus is Nederland het ook. Alleen het boven de zeespiegel gelegen oosten en westen vertonen hier en daar oneffenheden, voornamelijk gevormd door ijs en wind. Slechts in zuidelijk Limburg, die Nederlandse wig tussen België en West-Duitsland, kan van heuvels worden gesproken.

## Water en dijken

De rivieren hebben het fundament van de Nederlandse bodem gelegd. Met de zee is de eeuwen door met wisselend succes gestreden om deze grond bewoonbaar te houden.

Nog steeds is het water een overheersend en onmisbaar element in het Nederlandse landschap. Het IJsselmeer, aan banden gelegd door de aanleg van de 33 km. lange Afsluitdijk (1932) is een waardevol zoetwaterbekken en vooral een schitterend zeilwater. Ook op de Zeeuwse wateren vinden zeilers en sportvissers binnen de beschermende Deltawerken een el dorado.

Van een weergaloze schoonheid is het wad, een der grootste, helaas bedreigde, natuurgebieden van Europa. Bij vloed grotendeels zee, bij eb voornamelijk slik is dit een paradijs voor vogels en natuurliefhebbers.

Tegelijkertijd zijn er de meren, ver landinwaarts.

Vooral de Friese meren zijn beroemd, imposante resten van een brede baan van waterpartijen en moerassen die van noordoost naar zuidwest over deze provincie liep.

Gevormd en in sfeer bepaald door het water zijn ook de rivierlandschappen, het grensgebied tussen het zakelijke noorden van Nederland en het frivoler zuiden. De vaak drukbevaren rivieren worden omlijst door lage uiterwaarden en zware dijken, waar de dorpen en steden zich tegenaan hebben genesteld. "En in alle gewesten wordt de stem van het water met zijn eeuwige rampen gevreesd en gehoord", schreef een dichter in een periode waarin de waterstaatkunde de grote sprong vooruit nog moest maken.

De dijken symboliseren de strijd tegen het water, die al in de vroege middeleeuwen rond de rivieren begon en omstreeks het jaar duizend langs de zee een vervolg kreeg.

## Duinen

Lang niet de hele kust wordt beschermd door dijken. In Zeeland, Noord- en Zuid-Holland en op de Waddeneilanden vormen de duinen een natuurlijke waterkering die door een samenspel van wind, zand en tijd is ontstaan, zonder dat de mens tussenbeide kwam. Hij levert tot op de dag van vandaag wel een bijdrage tot hun behoud, door beplanting met helmgras en bescherming van zwakke plekken.

De fraaiste duinlandschappen vinden we in Noord-Holland, tussen Castricum en Callantsoog, en in de streek tussen IJmuiden en Zandvoort, de zg. Kennemerduinen. Aan zee de licht begroeide duinen, landinwaarts meertjes, loof- en dennebossen.

Duinen en zandverstuivingen vindt men ook in het binnenland. Soms voor honderd procent langs natuurlijke weg ontstaan, soms ook als gevolg van een al te intensief bodemgebruik door de mens.

De natuurlijke vegetatie verdween daardoor en de wind kreeg vrij spel op de zandgrond. De fascinerende gevolgen zijn vooral goed te zien op de Veluwe en in Noord-Brabant.

## Bossen

Voor eindeloze zwerftochten door de vrije natuur zijn de bossen zeker niet minder interessant dan de duinen.

Hoewel Nederland zonder menselijke beïnvloeding voor een groot deel uit bos zou hebben bestaan, is er in het hele land vrijwel geen stukje oerbos meer te vinden. De grote bevolkingsdichtheid maakte het noodzakelijk elke vierkante meter grond optimaal te benutten. Bossen verdwenen dan ook ten behoeve van de landbouw, stads- en dorpsuitbreidingen en wegenaanleg. Maar elders werden ze aangelegd door adellijke jachtliefhebbers, voor de houtproduktie en in de jongste tijd voor de ''luchtverversing''.

Sommige aangeplante bossen zijn al weer enkele eeuwen oud en geven een indruk van hoe dat oerbos er vroeger moet hebben uitgezien. Ze zijn onder meer te vinden op de hellingen van zuidelijk Limburg en rond Nijmegen, maar zeker ook op de Veluwe, met Wad en duinstrook het grootste natuurgebied van dit land.

Men treft hier een bijzonder rijke variatie van bomen en struiken aan. Eik, berk, lijsterbes en meidoorn, lariks, jeneverbes en wilde kamperfoelie, om er maar enkele te noemen.

De Veluwe heeft daarnaast nog veel meer te bieden. De afwisseling van uitgestrekte heidevelden, indrukwekkende zandverstuivingen, rijke landgoederen, liefelijke korenvelden en weilanden zorgen ervoor dat men er dagen kan ronddwalen zonder uitgekeken te raken. Het Nationale Park De Hoge Veluwe vormt de kern van dit grote Gelderse Natuurgebied. Hier treft men zoogdieren als moeflons en wilde zwijnen aan, die nergens anders in Nederland in het wild voorkomen.

## Heide

Voor wandelingen in de vrije natuur zijn de Nederlandse heidevelden bij uitstek geschikt. Grote paarse vlakten, hier en daar slechts onderbroken door een enkele witte berk of grove den. Midden in een der dichtstbevolkte landen ter wereld ademen zij rust en verlatenheid; adders en ringslangen kronkelen door de ruige begroeiïng, soms vliegt een verschrikt korhoen op, een in Nederland bijna uitgestorven dier. Op de Dwingelose heide, één van de meest bezochte natuurreservaten in Nederland, vinden we dopheidevelden, uniek in West-Europa. Deze heidevelden lijken puur natuur, geschapen in de tijd die in Genesis wordt beschreven. Toch is ook dat schijn. Heidevelden zijn ontstaan en in stand gehouden door menselijke activiteit. Als de paarse velden niet regelmatig gemaaid, afgebrand of door schapen beweid zouden worden, zou de heide snel worden overwoekerd door struiken en bomen.

## Landbouwgrond

De meren, bossen, duinen en heidevelden worden gekoesterd door de Nederlanders. Hier kunnen ze tot rust komen, van de natuur genieten en de beslommeringen van het jachtige bestaan van alledag even vergeten.

Natuurgebieden maken echter slechts een beperkt deel van het Nederlandse grondoppervlak uit, waarbij het begrip natuur ook nog ruim moet worden opgevat. De bevolking heeft immers altijd met de ruimte moeten woekeren; het was zaak om elke vierkante meter optimaal te benutten. Hoezeer dat is gelukt is te zien in de streken waar land- en tuinbouw tot ongelooflijk produktieve bedrijfstakken zijn uitgegroeid. Nederland is dankzij zijn boeren uitgegroeid tot één van de belangrijkste leveranciers van voedsel en sierteeltprodukten ter wereld. De landbouw is dan ook grotendeels bepalend voor het aanzien van het Nederlandse platteland. Economisch belang en ruimtelijke schoonheid worden hier gecombineerd. Wie de Friese weilanden aanschouwt met het vredig grazende zwart-bonte vee, gemarkeerd door karakteristieke stolp- en kophalsromp-boerderijen en afgewisseld door pittoreske dorpjes, ziet de bakermat van een wereldberoemd veeras. En hoe groot is niet de charme van de korenvelden in Groningen, hier en daar slechts onderbroken door een smal landweggetje of een imposante boerderij, waar de legendarische rijkdom van vroegere boerengeslachten nog altijd van afstraalt. Elders, in Noord- en Zuid-Holland, is de tuinbouw tot grote bloei gekomen. Elk jaar trekken honderdduizenden belangstellenden naar Hillegom, Lisse en andere tuinbouwcentra, om met eigen ogen de kleurenpracht van 'Holland in lentetooi' te bezichtigen. Nog grotere aantallen consumenten genieten van de kostelijke produkten van groentetelers en fruitkwekers, tot ver buiten de landsgrenzen hogelijk gewaardeerd.

## Molens

De molen is, samen met de klomp, hét nationale symbool van Nederland. In geen souvenirwinkel ontbreken de spaarpotten, muziekdozen en schemerlampen, compleet met wieken. Vier, vijf eeuwen geleden was dit bouwwerk de belangrijkste helper van de Nederlanders in hun strijd tegen het water. Beemster, Purmer, Wijde Wormer, Schermer, Watergraafsmeer, Bijlmermeer, al die droogmakerijen zijn met windkracht leeggemalen en bewoonbaar gemaakt. Vele tienduizenden hectares vruchtbare grond zijn zo gewonnen op het voor 'smal Holland' levensgevaarlijke water.

Nog eeuwenlang hebben de karakteristieke molens de zo ontstane polders droog gehouden. Tot hun taak in de tweede helft van de vorige eeuw geleidelijk werd overgenomen door stoomgemalen.

Molens werden echter niet alleen gebruikt voor bemaling van polders. Ze leverden ook de energie voor de eerste mechanisatiegolf die over dit deel van West-Europa spoelde. Er werd graan mee gemalen, olie uit verschillende zaden geperst en hout mee verwerkt.

Zodoende bestaan er ook zeer uiteenlopende molentypes, zoals de standerd-, de toren-, de wip-, de paltrok- en de stellingmolen.

Er zijn thans in Nederland nog een kleine duizend oude molens over, waarvan de meeste in Zuid-Holland staan. Bekend zijn daar vooral de negentien poldermolens bij Kinderdijk.

# Variety in the flat landscape

The countryside is flat and low, cut bij rivers and surrounded by the North Sea. The green of the meadows, the wealth of the woods, the ghostly shapes of the dunes cannot hide the fact that nearly half of the fortythreethousand square kilometres of the Netherlands has been claimed from the sea in a centuries long battle. Here, where farmers now work their land, where politicians meet and where children play Indians, recently the fierce waves of the North Sea and of the Zuider Zee and of the vast lakes ruled the country.

The ground under that mass of water was and is flat, and so the Netherlands are flat too.

Only those parts which are above sealevel in the east and west show unevenness here and there, mainly formed through ice and wind.

Only in southern Limburg, the Dutch wedge between Belgium and West Germany, can be spoken of hills. The Vaalserberg, with its 321 metres above New Amsterdam Level, forms the highest point of the Netherlands.

## Water and dikes

The rivers have laid the foundation of Dutch soil. Through the centuries battles with the sea have been fought, with varying success, in order to keep the land habitable. Water is still a dominating and indispensable element in the Dutch landscape. The IJsselmeer, tamed by the construction of the thirtythree kilometres long Afsluitdijk (1932) is a valuable freshwater basin and excellent for sailing. Also on the waters of Zealand sailors and fishermen can find an ideal spot in the protected Delta works.

The Dutch Shallows (Wadden) are one of Europe's largest, unfortunately threatened nature areas. With hightide it is mainly sea, with lowtide mainly mud. This area is a paradise for lovers of birds and nature.

There are lakes further inland. Especially the Frisian lakes are famous, impressive remains of a large area of water and marshes which ran from the northeast to the southwest of this province.

The riverlandscape too is formed and determined by water, it forms the border between the businesslike north and the more frivolous south. The often busy rivers are surrounded by outer marshes and heavy dikes along which villages and towns have settled.

"And in all regions the voice of the water with its eternal disasters is heard and feared", wrote a poet in a time when the department for the maintenance of waterways and waterworks did not yet exist.

The dikes symbolise the battle against the water, which started in the early middle ages around the rivers and in the year thousand along the sea.

## Dunes

By no means all of the coast is protected by dikes. In Zealand, North- and South-Holland and on the Frisian islands the dunes form a natural embankment, created by a combination of wind, sand and time, without interference from man. These days it is necessary to help nature with the upkeep of the dunes, by planting bent-grass and thus protecting the weak places.

The most attractive dunelandscapes are in North-Holland, between Castricum and Callantsoog and in the area between IJmuiden and Zandvoort, the so called Kennemerdunes. Near the sea they are lightly overgrown, further inland there are small lakes, deciduous- and pinewoods.

Dunes and sanddrifts can also be found inland. Sometimes they have developed naturally, sometimes as a result of a too intensive use of the soil by mankind. The natural vegetation then disappeared and the wind got a free hand on the sandy soil. The fasci-

8

nating results are especially noticeable on the Veluwe and in North-Brabant.

## Wood

For endless wandering through nature the woods are certainly just as interesting as the dunes. While the Netherlands without human influence would have consisted mainly of woods, there is now in the whole country hardly a stretch of original wood left. The density of population makes it necessary to fully use every square metre. Woods made way for agriculture, development of towns and villages and roads. But in other places woods were planted by aristocratic lovers of the hunt, also for the production of timber and more recently for ''air refreshers''.

Some planted woods are already a few centuries old and give an impression of how the orginal woods must have looked. They can be found on the slopes of the hills of southern Limburg and around Nijmegen, but certainly also on the Veluwe, which together with the Shallows and the dunes forms the largest area of natural beauty of this country.

Here one can find a rich variety of trees and shrubs. The oak, birch, mountainash berry and hawthorn, juniperberry and wild honeysuckle to name but a few.

Apart from this Veluwe has to offer a lot more. The variety of vast heatherfields, impressive sanddrifts, rich country estates, lovely cornfields and meadows make sure that one can wander around for days without getting bored. The National Park ''The Hooge Veluwe'' forms the centre of the large nature reserve of Gelderland. Here one finds mammals like the ''moeflons'' and boars which do not exist else-where in the Netherlands.

## Heather

The Dutch heatherfields are very suitable for walks in nature. Large purple areas, here and there interrupted by white birch or a fir tree. In the centre of one of the most densely populated countries in the world they can give a sense of tranquility and desertion; adders and rattlesnakes creep through the rough undergrowth, sometimes a frightened grouse flies away, a nearly extinct bird in the Netherlands. On the heatherfields near Dwingelo, one of the most visited nature reserves in the Netherlands, we find bell-heather, which is unique in western Europe. These heatherfields seem purely natural, created in the time which is described in Genesis. This is however very deceptive. Heatherfields have been created and are kept up by human activity. If the purple fields were not regularly mowed, burnt down or grazed by sheep, they would soon be overgrown by shrubs and trees.

## Agriculture

The lakes, the woods, the dunes and the heatherfields are greatly valued by the Dutch. Here they can relax, enjoy nature and forget the troubles of their hurried existence of everyday life.

Nature areas however only make up part of the Dutch ground surface. The population has always had to make the most of their space; it was essential to use every square meter to its full potential. To what extent this has been achieved can be seen in the areas where agriculture and horticulture have grown into unbelievably productive branches of trade. The Netherlands, thanks to the farmers, have grown into one of the most important suppliers of food and flowers in the world. Agriculture is therefore largely responsible for the landscape of the Dutch countryside. Economical interest and country-planning are combined here. If one looks at the Frisian meadows with the black and white cattle grazing peacefully the characteristic head-neck-trunk farms varied by picturesque villages, one sees the cradle of one of the most famous races of cattle.

How great the charm of the wheatfields of Groningen is, only here and there interrupted by a narrow lane or an impressive farm, where the legendary richness of the past generations of farmers still shines.

Elsewhere, in North- and South-Holland horticulture is blooming. Every year hundreds of thousands of people visit Hillegom, Lisse and other centres of horticulture, to see with their own eyes the display of colour of ''Holland in Spring''. Even a higher number of consumers enjoy the great products of the vegetable and fruit growers, which are highly appreciated far beyond the Dutch borders.

## Windmills

The windmill, together with the clog, is the national symbol of the Netherlands. There is not a souvenirshop without moneyboxes, musicboxes and lamps which all have sails. Four or five centuries ago this construction was the most important aid the Dutch had in their struggle against the water. Beemster, Purmer, Wijde Wormer, Schermer, Watergraafsmeer, Bijlermeer, were all drained with windpower and made habitable. Many tens of thousands of hectares of fertile soil were in this way acquired for "narrow Holland" from the dangerous water.

For centuries the characteristic windmills have kept the created polders dry. Their task was taken over slowly during the last century by steam powered pumps. Windmills were not only used for the draining of polders. They also supplied the energy for the first wave of industrialization which hit western Europe. Grain was ground by it, oil was pressed out of various seeds and wood was worked by it. Because of this many widely varying types of mills exist, like the standard-, the tower-, the wipmill, the paltrokmill and the stellingmill.

At the moment still about a thousand old windmills remain in the Netherlands, most of which can be found in South-Holland. Famous are especially the nineteen poldermills near Kinderdijk.

# Variationen eines flachen Landes

Flach und eben, so ist das Land; eingeschnitten durch Flüsse und von der Nordsee umspült. Das Grün der Weiden, üppige Wälder, und die bizarren Formen einer Dunenreihe können nicht verhüllen, daß beinah die Hälfte der 34000 Quadratkilometer großen Niederlande, in einem jahrhundertelang dauernden Kampf mit dem Meer erobert wurde. Da, wo jetzt die Bauern ihr Land bearbeiten, Politiker ihre Sitzungen halten und Kinder Indianer spielen, herrschten vor nicht all zu langer Zeit noch die rauhen Wogen der ''Noord- und Zuiderzee'' und weitgestreckter Seen. So, wie der Boden unter den Wassermassen ist und war, so flach ist auch heute die Niederlande. Nur die über dem Meeresspiegel gelegenen östlichen und westlichen Gebiete zeigen hier und da Unebenheiten, die vorallem durch Eis und Wind entstanden sind. Nur im südlichen Limburg, die niederländische Bresche zwischen Belgien und West-Deutschland, kann man von Hügeln sprechen. Der Vaalserberg ist mit seinen 321 Metern Höhe über dem neuen Amsterdammer Peil, die höchste Erhebung in den Niederlanden.

## Gewässer und Deiche

Die Flüsse haben das Fundament des niederländischen Bodens gelegt. Mit wechselhaftem Erfolg hat man jahrhundertelang mit dem Meer gestritten, um den Boden bewohnbar zu erhalten.

Das Wasser ist noch immer ein beherrschendes und entbehrliches Element der niederländischen Landschaft. Das IJsselmeer, gezämt durch den Bau des 33 Kilometer langen Abschlussdeiches im Jahre 1932, ist ein wertvolles Süsswasserbecken und vorallem ein ausgezeichnetes Segelgewässer. Ebenso wie auf den zeeuwischen Gewässern finden Segelfreunde und Sportfischer dort ein Dorado innerhalb der schützenden Deltawehre.

Das Watt hat in seiner Schönheit nicht seinesgleichen und ist eines der größten, leider bedrohten, Naturgebiete Europas. Größtenteils überschwemmt bei Flut, und bei Ebbe hauptsächlich Schlick, ist es ein Paradies für Vögel und Naturliebhaber. Wattwanderer laufen hier von der friesischen oder groninger Küste zu einer der Sandbänke weit draußen, Segler suchen ihren Weg zur offenen See über die Priele. Beschützt durch einen 1960 angelegten Deich, entwickelt sich ein neues Naturgebiet in und rund um das Lauwersmeer, welches an das Watt grenzt. Zugleich gibt es noch die Seen, weiter landeinwärts. Vorallem die friesischen Seen sind berühmt, eindrucksvolle Reste eines breiten Streifens von Gewässern und Mooren, die das Gebiet vom Nordosten bis zum Südwesten durchzog. Geschaffen und Stimmungsvoll gemacht durch das Wasser sind auch die Flußlandschaften, das Grenzgebiet zwischen dem nüchternen Norden und dem frivolen Süden.

Die oft rege befahrenen Flüsse werden vom Aussendeichsland und schweren Deichen umgeben, an die sich Städte und Dörfer genistet haben. ''.....Und in allen Gegenden wird die Stimme des Wassers mit seinem ewigen Unheil gefürchtet und erhört'', schrieb ein Dichter in einer Zeit, wo Wasserwirtschaftskunde den groszen Sprung in die Zukunft noch machen mußte.

Deiche symbolisieren den Kampf gegen das Wasser, der schon im frühen Mittelalter bei den Flüssen begann und etwa im Jahr 1000 der Küste entlang seine Fortsetzung fand.

## Die Dünen

Der Küstensaum wird nur teilweise durch Deiche beschützt. In Zeeland, Noord- und Zuid-Holland und af den Watteninseln bilden Dünen eine natürliche Abwehr die durch das Zusammenspiel von

Wind, Sand und Zeit entstanden ist, ohne Hilfe des Menschen. Er trägt wohl bis heute bei an ihrer Instandhaltung, durch schwache Stellen zu verstärken und Strandhafer zu pflanzen.

Dünen enthalten sauberes Süsswasser, das sehr geschätzt wird bei den Bewohnern der umliegenden Städte. Sie beherbergen ausserdem noch eine Vielfalt von Reichtümern. Ihre Aussicht und stimmungsvollen Wasserpartien mit einer kennzeichnenden Fauna und Flora bilden ein sehr ausgestrecktes und anziehungskräftiges Naturgebiet. Zusammen mit den schönen angrenzenden Stränden, locken sie natürlich tausende von Sonnenanbetern. Die prächtigste Dünenlandschaft findet man in Noord-Holland, zwischen Castricum und Callantsoog, sowie in der Gegend von IJmuiden und Zandvoort, den sogenannten "Kennemerduinen". Am Küstenstrich trifft man einfach bewachsene Dünen an, mehr landeinwärts, Seen, Laub- und Nadelwälder.

Landdüner und Sandverwehungen sind auch im Inland zu finden. Manche haben sich vollkomen natürlich gebildet, andere sind als Folge zu intensiver Bodenbearbeitung des Menschen entstanden. Die natürliche Vegetation verschwand dadurch und der Wind bekam freies Spiel auf dem Sandboden. Die faszinierenden Ergebnisse sind vorallem gut zu besichtigen auf der Veluwe und in Noord-Brabant.

### Die Wälder

Wälder sind, für endlose Wanderungen durch die freie Natur, sicher nicht weniger interessant als die Dünen. Obwohl die Niederlande ohne menschliches Zutun größtenteils aus Wald bestanden hätte, ist im ganzen land so gut wie nichts mehr vom einstigen Urwald zurückzufinden. Die grosse Bevölkerungsdichte machte es notwendig, jeden Quadratmeter Boden optimal zu nutzen. Waldungen verschwanden natürlich zu Gunsten des Landbaus, zur Erweiterung der Städte und Dörfer, sowie des Straßenbaus.

Auf anderen Stellen wurden sie gerade angelegt durch adelige Jagdliebhaber, für die Holzproduktion und in der letzten Zeit für die "Reinigung der Luft".

Manche angelegten Forste sind schon wieder einige Jahrhunderte alt und geben einen Eindruck, wie der Urwald früher einmal ausgesehen haben muß. Sie sind unter anderem zu finden auf den Hängen des südlichen Limburgs und in der Umgebung von Nijmegen, aber auch auf der Veluwe, welche mit dem Watt und dem Dünengebiet das größte Naturgebiet des Landes formt.

Man trifft hier eine besonders reiche Vielfalt von Bäumen und Sträuchern an: Eiche, Birke, Eberesche und Weissdorn, Lärche, Wacholder und Geissblatt, um bloss einige zu erwähnen.

Darüberhinaus hat die Veluwe noch viel mehr zu bieten. Ausgedehnte Heide, eindrucksvolle Sandverwehungen, reiche Landgüter, liebliche Kornfelder und Weiden wechseln sich ab. Sie sorgen dafür, dass man tagelang wandern kann ohne sich zu langweilen. Der Nationalpark "De Hoge Veluwe" ist der Kern dieses grossen gelderländischen Naturgebietes. Hier leben Säugetiere wie Muffeltiere und Wildschweine, die nirgendwo anders in den Niederlanden frei vorkommen.

### Die Heide

Die niederländischen Heidegebiete sind besonders geeignet für Wanderungen in der freien Natur. Große lilafarbige Flächen, hier und da mal unterbrochen durch eine einzelne weiße Birke oder hohe Tanne. Mitten in einem der dichtest bevölkerten Länder der Erde, atmen sie Stille und Einsamkeit. Kreuzottern und Ringelnattern schlängeln sich durch die wilde Bepflanzung. Ab und zu fliegt ein erschrecktes Birkhuhn auf, ein in den Niederlanden fast ausgestorbenes Tier. Auf der Dwingeloer Heide, eines der meistbesuchten Naturreservate in den Niederlanden, findet man Glockenheide. Sie ist seltsam in Westeuropa. Die Heidefelder sehen so natürlich aus, als wären sie in der Zeit der Schöpfungsgeschichte geschaffen. Trotzdem, der Schein trügt. Heidefelder sind entstanden und gehegt durch menschlichen Einsatz. Würden die violetten Felder nicht regelmässig gemäht, abgebrannt oder durch Schafe beweidet werden, dann wären sie schnell von Bäumen und Sträuchern überwuchert.

## Landwirtschaft und Boden

Die Niederländer hegen und pflegen ihre Heide, Seen, Wälder, Dünen und Heide. Hier können sie sich ausruhen, von der Natur genießen und die Sorgen des hastigen Alltags zeitweilig vergessen. Nur ein kleiner Teil der niederländischen Oberfläche sind Naturgebiete, wobei der Begriff "Natur" auch nicht alle zu wörtlich genommen werden muß. Die Bevölkerung mußte sich ja immer mit dem vorhandenen Platz begnügen. Zielstrebig wurde jeder einzelne Quadratmeter so gut wie möglich benutzt. Wieweit dies gelungen ist, kann man in den Gebieten sehen, wo sich Acker- und Gratenbau zu sehr leistungsfähigen Betriebszweigen entwickelt haben. Die Niederlande wuchs, Dank seiner Bauern aus, zu einer der wichtigsten Lieferanten von Nahrungsmitteln und Pflanzenzuchtprodukten in der Welt. Die Landwirtschaft bestimmt dann auch zum größten Teil das Ansehen des niederländischen Flachlandes. Wirtschaftlichkeit und räumliche Schönheit werden hier miteinander verbunden. Wer das friesische Weideland betrachtet, mit seinem friedlich grasenden schwarzbunten Kühen, akzentuiert mit charakteristischen Stelp- und Kopf-Hals-Rumpf-Bauernhöfen und abgewechselt durch malerische Dörfer, steht an der Wiege einer weltberühmten Viehrasse.

Wie groß ist der Liebreiz der Kornfelder in Groningen, die bloß ab und zu von einem schmalen Feldweg durchquert werden oder ein imposanter Bauernhof, deren legendären Reichtum alter Bauerngeschlechter ihnen noch immer anzusehen ist.

Anderswo, in Noord- und Zuid-Holland, blühte der Gartenbau auf. Jedes Jahr zieht es hunderttausende Schaulustige nach Hillegom und Lisse und andere Gartenbauzentren, um mit eigenen Augen die prächtigen Farben Hollands im Frühlings-

kostüm zu sehen. Eine noch größere Anzahl Konsumenten genießen die köstlichen Produkte des Obst- und Gemüseanbaus, die weit über die Landesgrenzen hinaus hoch geschätzt werden.

## Windmühlen

Zusammen mit Holzklumpen, ist die Windmühle das Nationalsymbol der Niederlande. In keinem Andenkenladen fehlen Sparbüchsen, Spieldosen und Schirmlämpchen, die versehen sind mit Mühlenflügeln. Vor etwa vier bis fünf Jahrhunderten war dieses Bauwerk der wichtigste Helfer der Niederländer in ihrem Kampf gegen das Wasser. Trockenlegungen, wie Beemster, Purmer, Wijde Wormer, Schermer, Watergraafsmeer und Bijlmermeer, wurden mit Windkraft leergepumpt und bewohnbar gemacht. Auf diese Weise sind zehntausende Hektare fruchtbarer Boden dem, für das geringe Holland lebensbedrohende Wasser abgewonnen worden. Jahrhundertelang haben die charakteristischen Mühlen die entstandenen Polder entwässert, bis ihre Aufgabe in der zweiten Hälfte des vorigen Jahrhunderts langsam durch Dampfpumpmühlen übernommen wurde. Ausser zur Trockenlegung lieferten sie Energie und trugen sie auch bei an der ersten Mechanisierungswelle, die sich über diesen Teil Westeuropas ausbreitete. Man mahlte Weizen, presste Öl aus verschiedenen Getreidesorten und bearbeitete mit ihnen Holz. Deshalb gibt es auch sehr verschiedene Mühlentypen. So zum Beispiel die Standartmühle, Turm- und Wippmühle, Paltrok- und Holländermühle. Etliche können sich messen mit so manchem Kirchturm, andere, so wie der Tjasker, bestehen nur aus einer Achse mit Flügeln. Heute sind noch etwa tausend alte Mühlen übriggeblieben, wovon die meisten in Zuid-Holland stehen. Die 19 Poldermühlen bei Kinderdijk sind dort sehr bekannt.

# Variations sur un plat pays

La terre est basse et plate, découpée de rivières et battue par la Mer du Nord. Ni le vert des prairies, ni la luxuriance des forêts, ni les formes capricieuses des rangées de dunes ne peuvent faire oublier le fait que près de la moitié des 34.000 km2 des Pays-Bas ont été conquis sur la mer au cours d'une lutte qui dure maintenant depuis des siècles. Là où aujourd'hui les paysans travaillent la terre, les hommes politiques se réunissent, les enfants jouent aux indiens, régnaient il y a peu de temps encore les vagues sauvages de la Mer du Nord, de la Zuiderzee (Mer du Sud) et des lacs. Le fond au-dessous de ces masses d'eau était et reste plat, et, par conséquent, les Pays-Bas le sont aussi. Seules les régions situées au-dessus du niveau de la mer, c.-à-d. l'Est et l'Ouest, offrent çà et là des inégalités formées principalement par l'action du vent et de la glace. C'est seulement dans le sud du Limbourg, le "coin" qu'enfoncent les Pays-Bas entre la Belgique et l'Allemagne, que l'on peut parler de collines. Le Vaalserberg (le mont Vaalser) est, avec ses 321 mètres au-dessus du niveau de Nieuw Amsterdam, le point le plus élevé des Pays-Bas.

## L'eau et les digues

Les rivières ont formé les fondations du sol des Pays-Bas. Et avec un succès variable les hommes ont lutté au cours des siècles avec la mer afin de garder cette terre habitable.

L'eau est toujours un élément dominant et indispensable du paysage hollandais. L'IJsselmeer, apprivoisée grâce à la construction d'une digue de 33 km de long, l'Afsluitdijk (1932), est un important bassin d'eau remarquablement adapté pour la voile. Les navigateurs et les pêcheurs peuvent aussi, à l'abri des réalisations du Plan Delta, trouver un paradis de la voile sur les eaux de la Zélande.

Le Wad est un domaine naturel d'une beauté incomparable. C'est un des plus importants d'Europe, mais il est malheureusement menacé. Mer à marée haute, boue à marée basse, c'est un paradis pour les oiseaux comme pour les amoureux de la nature.

Mais il y a aussi les lacs, loin à l'intérieur des terres. Les lacs frisons sont les plus célèbres; ce sont les restes imposants d'une longue succession de plans d'eau et de marais qui s'étendaient du Nord-Est au Sud-Ouest de cette province.

C'est encore l'eau qui a créé les paysages de rivières et qui en détermine l'atmosphère. Ceux-ci forment la frontière entre le Nord commercial et le Sud plus frivole. Ces rivières, où la navigation est bien souvent dense, sont entourées de francs-bords bas et de lourdes digues contre lesquelles villes et villages se sont blottis. ''Et dans toutes les provinces retentit la voix crainte de l'eau et des désastres qui l'accompagnent ''écrivit un poète à une époque où la construction des digues était encore dans l'enfance. L'eau est contrôlée de plus en plus efficacement, notamment depuis le terrible désastre de 1953, au cours duquel plus de 1800 personnes ont trouvé la mort et des milliers d'hectares de terre fertile ont été envahis par la mer. Les digues sont le symbole de la lutte contre l'eau, lutte qui commença au début du Moyen-Age le long des rivières et se poursuivit vers l'an mille sur les côtes contre la mer.

## Les dunes

Une bonne partie de la côte n'est pas protégée par des digues. En Zélande, en Hollande du sud et du Nord et sur les îles Wadden, les dunes forment une protection naturelle contre la mer qui s'est développée grâce à l'action combinée du vent, du sable et du temps, sans que l'être humain n'intervienne. Celui-ci pourtant les consolide en plantant de l'oyat et en renforçant les points faibles.

Les plus jolis paysages de dunes se trouvent en Hollande du Nord, entre Castricum et Callantsoog, et dans la région située entre IJmuiden et Zandvoort, les Kennemerduinen (dunes du lac Kenne). Au bord de la mer, les dunes dotées d'une végétation peu importante, à l'intérieur des terres, des lacs, des bois de pins et de feuillus.

On trouve aussi des dunes et des sables mouvants (ceux que le vent emporte) beaucoup plus loin à l'intérieur des terres. Certains se sont développés de façon naturelle, d'autres ont été causés par une utilisation trop intensive du sol. La végétation naturelle a ainsi disparu et le vent a eu le champ libre pour agir sur le sol sableux. On peut observer les fascinantes conséquences de ce phénomène dans ''de Veluwe'' et le Brabant du Nord.

### Les forêts

Pour faire de longues randonnées dans la nature les forêts ne sont pas moins intéressantes que les dunes. Bien que, si l'être humain n'existait pas, les Pays-Bas seraient aujourd'hui en grande partie recouverts de forêts, il y est pratiquement impossible d'en trouver une seule qui soit naturelle. La densité importante de la population entraîne que chaque mètre carré de terre doit être utilisé de façon optimale. Les forêts ont donc fait place aux terres cultivées, aux villes et aux villages, aux routes. Mais elles renaissaient ailleurs grâce aux nobles amateurs de chasse, afin de fournir du bois et plus récemment afin de lutter contre la pollution.

Certaines forêts plantées par l'homme sont maintenant âgées de quelques siècles et donnent une idée de ce que pouvait être la forêt originelle. On les trouve entre autres sur les collines du sud du Limbourg et autour de Nijmegen, mais aussi dans ''de Veluwe'' qui forme, avec la région des dunes et le Wad, le plus grand domaine naturel du pays.

On y trouve un éventail particulièrement riche d'arbres et de buissons. Chêne, bouleau, sorbier et aubépine, mélèze, genièvre et chèvre-feuille, pour n'en nommer que quelques-uns.

A côté de cela, ''De Veluwe'' a beaucoup d'autres choses à offrir. L'alternance d'immenses champs de bruyère, d'impressionnants sables mouvants, de riches propriétés, de champs de blé et de prairies fait que l'on peut s'y promener des journées entières sans se lasser. Le parc national ''De Hoge Veluwe'' est le noyau du grand domaine naturel de la province Gelderland. On y trouve des mammifères tels que le mouflon et le sanglier, animaux que l'on ne peut trouver nulle part ailleurs en Hollande à l'état sauvage.

### La bruyère

Il est particulièrement agréable de se promener dans les champs de bruyère des Pays-Bas: de grandes étendues de couleur violette, à peine entrecoupées çà et là de quelques bouleaux blancs ou de pins sylvestres. Au coeur d'un des pays les plus densément peuplés, tout respire le calme et la solitude; vipères et couleuvres à collier se glissent au travers de la rude végétation, parfois s'envole un coq de bruyère, un animal qui a pratiquement disparu des Pays-Bas. Dans les étendues de bruyère situées près de Dwingelo, une des réserves naturelles les plus visitées des Pays-Bas, on trouve des champs de bruyère cendrée, unique en Europe de l'Ouest.

On pourrait penser que ces champs de bruyère ressemblent à la nature telle qu'elle existait du temps de la Genèse. Et pourtant cela n'est qu'apparence. Les champs de bruyère ont été créés et entretenus par l'être humain. Si celui-ci ne les moissonnait pas, ne les brûlait pas, et n'y faisait pas paître des moutons, la bruyère serait rapidement envahie par les buissons et les arbres.

### Les terres cultivables:

Lacs, forêts, dunes et champs de bruyère sont choyés par les Néerlandais. C'est là qu'ils peuvent se reposer, jouir de la nature et oublier les tracas de l'existence quotidienne.

Cependant les domaines naturels ne représentent qu'une partie limitée de la superficie des Pays-Bas, et encore, à condition de prendre le concept ''nature'' au sens large. La population a toujours dû se battre avec l'espace; il était fondamental d'utiliser au maximum chaque mètre carré. Pour se rendre compte à quel point cela a réussi, il suffit de prendre les régions où l'agriculture et l'horticulture sont devenues des branches d'activité incroyablement productives. C'est grâce à ses paysans que la Hollande est devenue l'un des plus importants fournisseurs de nourriture et de plantes d'ornement du monde. Aussi l'agriculture détermine-t-elle en grande partie l'apparence de la campagne néerlandaise. L'intérêt économique et la beauté vont ici de pair. Qui contemple les prairies frisonnes avec leurs vaches pie broutant paisiblement, les fermes ''tout sous-un-toit'' et ''tête-cou-tronc'' caractéristiques et les pittoresques villages, contemple en même temps le berceau d'une race bovine mondialement connue. Et quel n'est pas le charme des champs de blé de la province Groningen avec çà et là une étroite route de campagne ou une imposante ferme, d'où se dégage encore la richesse légendaire d'anciennes familles de paysans.

Ailleurs, en Hollande du Sud et du Nord, s'est développée une horticulture florissante. Chaque année des centaines de miliers de personnes se rendent à Hillegom, Lisse ainsi que dans de nombreux autres centres horticoles pour y admirer de leurs propres yeux les somptueuses couleurs de la ''Hollande dans sa parure du printemps''. Et un nombre encore plus grand de consommateurs profitent des savoureux fruits et légumes hollandais qui sont appréciés dans le monde entier.

### Les moulins

Le symbole national des Pays-Bas, avec le sabot, c'est le moulin. Dans chaque boutique de souvenirs on peut trouver des tirelires, des boîtes à musique, des lampes en forme de moulin, avec, bien sûr, des ailes. Il y a 4 ou 5 siècles cette construction était fondamentale dans la lutte des Néerlandais contre l'eau. Beemster, Purmer, Wijde Wormer, Schermer, Watergraafsmeer, Bijlmermeer, toutes ces terres asséchées l'ont été grâce à la force du vent et ont été ainsi rendues habitables. Des dizaines de milliers d'hectares de terres fertiles ont été gagnées sur l'eau, l'ennemi mortel de l'''étroite Hollande''. Durant des siècles, les moulins ont gardé les polders secs. Jusqu'à ce que leur tâche soit reprise par la machine à vapeur.

Les moulins ne furent cependant pas seulement utilisés pour le drainage des polders. Ils fournirent aussi l'énergie nécessaire à la première vague de mécanisation qui submergea l'Europe de l'Ouest. On a ainsi moulu le grain, pressé l'huile et travaillé le bois.

C'est pour cela que se sont développés des types très différents de moulins: le moulin standard, le moulin-tour, le moulin à bascule, le moulin tournant et le moulin-passerelle. Certains sont presque aussi hauts que la plupart des clochers, d'autres, comme le tjasker, ne sont guère plus imposants qu'un piquet avec des ailes. De nos jours il reste encore aux Pays-Bas un petit millier d'anciens moulins, la plupart se trouvant en Hollande du Sud. Les plus connus sont les 19 moulins de polder près de Kinderdijk.

# Variedad en la llana tierra baja

Plana y baja es la tierra, cruzada de rios y bañada por el Mar del Norte. El verde de los campos, la riqueza de los bosques y las formas caprichosas de las dunas no pueden ocultar que casi la mitad de los treintaicuatro mil kilómetros cuadrados de Holanda han sido conquistados al mar en una lucha de siglos. Donde ahora trabajan su tierra los campesinos, tienen sus reuniones los políticos y juegan los niños, dominaban hace poco aún las olas bravas del Mar del Norte, del Zuiderzee y de los grandes mares interiores. El fondo debajo de estas masas de agua era y es plano, y por esto así llano es Holanda.

Solamente la situación sobre el nivel del mar del este y oeste muestran en algunas partes irregularidades creadas principalmente por la acción del hielo y viento. Solamente en Limburgo meridional, la cuña holandesa entre Bélgica y Alemania se puede hablar de colinas. El Vaalserberg, con sus 321 metros sobre el nivel del mar, es el punto más alto de Holanda.

## Agua y diques

Los rios han depositado la base de la tierra holandesa. Durante siglos se ha luchado con el mar para hacer esta tierra habitable. El agua continúa siendo un elemento dominante e imprescindible en el paisaje holandes. El Ysselmeer, refrenado por la construcción del dique Afsluitdijk (1932) de 33 kilómetros de largo, es un estimable criadero de agua dulce y sobretodo una maravilla para la práctica de la vela. También en las aguas zelandesas encuentran los amantes de la vela y de la pesca otro paraíso bajo la protección del ''Deltawerken''.
De una hermosura sin par son las aguas bajas frisias, uno de los parques naturales mayores de Europa. Durante la pleamar la mayor parte es agua y en la bajamar principalmente fango lo que le hace un

paraiso para pájaros y amantes de la naturaleza. También hay lagos mares tierra adentro. Son conocidos principalmente los lagos frisios, restos imponentes de una ancha vía de lagos y pantanos que cruzaban esta provincia de noreste a suroeste.
El agua determina también la forma y el ambiente de las comarcas de los rios, la frontera entre el norte comercial y el frívolo sur. Los rios, constantemente navegados están rodeados de bajos médanos y fuertes diques al lado de los cuales han crecido pueblos y ciudades.
''En todas las regiones se. oye y se teme la voz del agua por sus desastres'', escribió un poeta en un tiempo en el que el conocimiento hidráulico aún no había realizado sus mayores adelantos.
Los diques representan la lucha contra el agua que empezó alrededor de los ríos al principio de la Edad Media y continuó a lo largo de la costa hacia el año mil.

## Dunas

No toda la costa está protegida por diques. En Zelanda, Holanda Septentrional y Meridional y en las islas Wadden, las dunas nacidas por el juego conjunto del viento, tierra y tiempo, forman un freno natural del agua sin que haya sido necesaria la intervención kumana. Hasta el día de hoy el hombre se limita a contribuir a la conservación de los mismos por medio de la plantación de plantas de esparto y la protección de los puntos débiles.
Las dunas contienen un agua potable muy apreciada por las ciudades de los alrededores. Esconden además otras muchas riquezas. Sus atractivas aguas y su característica flora y fauna hacen de ellas un extenso y atractivo parque natural. Naturalmente a ello se unen las largas y bonitas playas situadas en la parte de la mar y visitadas anualmente por millones de adoradores del sol. Los más bellos paisajes de du-

nas los encontramos en Holanda Septentrional, entre los poblaciones de Castricum y Callantsoog, y en la comarca llamada Kennemerduinen entre Ymuiden y Zandvoort. En la parte costera encontramos las dunas ligeramente cubiertas de vegetación, más al interior las encontramos con pequeñas lagunas, árboles de fronda y pinos.

Dunas y arenales se encuentran también en el interior del país. Algunas veces se han formado de una manera totalmente natural y otras han sido consecuencia del uso intensivo del suelo por el hombre. Por causa de dicho uso, desaparece la vegetación original y el viento tiene mano libre en ese suelo arenoso. El fascinante resultado de ello puede apreciarse sobretodo en el Brabante Septentrional y en el parque natural Veluwe.

## Bosques

Para de una manera errante pasear disfrutando de la naturaleza, los bosques son seguramente tan interesantes como las dunas. A pesar de que Holanda, sin la influencia humana, hubiera sido en gran parte un inmenso bosque no hay practicamente en todo el país ningún bosque vírgen. La gran densidad de población hizo necesario el empleo óptimo de cada metro cuadrado de tierra. Hubo bosques que desaparecieron en favor de tierra de cultivo, por ampliaciones de ciudades y pueblos y por la construcción de carreteras. Pero en otras partes del país se crearon muchos bosques en primer lugar por la afición de la nobleza a la caza, después para la producción de madera y más recientemente por la necesidad de creación de zonas verdes.

Algunos bosques creados por el hombre son ya centenarios en edad y dan una ligera impresión de cómo debió ser el bosque primitivo. Este tipo de bosques se encuentran sobretodo en los montes del Limburgo meridional y alrededor de Nimega, pero también en el Veluwe que es junto con la región del Wad y la zona de las dunas el parque natural mayor de este país.

Aquí se encuentra una excepcional riqueza en la variedad de árboles y matas. Para citar algunos ejemplares podemos nombrar por ejemplo, robles, serbales y majuelos, alerces, bayas de enebro y madreselva salvaje.

El Veluwe ofrece además mucho más. Los cambios de paisaje, de enormes brezales e impresionantes arenales, ricas casas de campos, bonitos campos de trigo y de pasto hace que se pueda pasear fuera de todo aburrimiento durante días muy agradables. El Parque Nacional ''De Hoge Veluwe'' forma el centro de la zona natural de Güeldres. Animales como cabras salvajes y jabalís no se encuentran en ningún otro lugar de Holanda en estado salvaje.

## Brezal

Los brezales de Holanda son totalmente adecuados para hacer gozar de la naturaleza a los paseantes. Las grandes superficies pardas, solamente interrumpidas en alguna parte por algún abedúl o algún pino. En medio de uno de los países con más densidad de población del mundo irradian estos campos paz y soledad; sapos y culebras serpentean por la maleza, algunas veces se ve huir volando asustada a alguna ortega, gallinacea ésta casi extinguida en Holanda. En los campos de Dwingelo, uno de los reservados naturales más visitados de Holanda, encontramos brezales únicos en Europa Occidental. Estos brezales, naturaleza pura, parecen salidos del tiempo en que se creó el mundo. Todo esto es sólo apariencia. Los brezales fueron creados y son conservados por medio de la actividad humana. Si estos campos pardos no fueran regularmente segados, los restos malos quemados y no sirvieran de pasto a las ovejas, los brezales se llenarían de matorrales y árboles.

## Terreno agrícola

Las lagunas, bosques, dunas y brezales son cuidados con mucho cariño por los holandeses. En ellos pueden descansar, gozar de la naturaleza y olvidar momentáneamente el ajetreo de la vida cotidiana. Las zonas naturales son un trozo muy delimitado del suelo holandés y aún se debe entender el termino natural en un amplio sentido. La población ha debido aprovechar siempre al máximo el espacio disponible; era una cuestión de aprovechar al máximo cada metro cuadrado. La forma en que éllo tuvo éxito se puede apreciar en los comarcas en donde la agricultura y la horticultura han llegado a unas producciones increibles. Holanda, gracias a sus campesinos, ha crecido hasta convertirse en uno de los proveedores más importantes del mundo de productos alimenticios y cultivo de flores. La agricultura determina asimismo en gran parte el aspecto del campo holandés. Existe una combinación de hermosura e interés económico. Quien contempla los pastos frisios, llenos de ganado blanco-negro, con sus características casas de campo y pintorescos pueblos, está viendo la patria de una raza de ganado de fama mundial. Y qué decir del atractivo de los campos de trigo en Groninga, solamente rotos por algún estrecho camino o una enorme casa de campo, que desprende aún recuerdos de legendarias riquezas de antiguas familias campesinas.

En otras partes, en la Holanda Septentrional y Meridional, ha sido la horticultura la que ha experimentado un gran crecimiento. Cada año miles de turistas se desplazan hacia Hillegom, Lisse y otros centros hortícolas para poder contemplar con sus propios ojos la riqueza de los colores de la Holanda primaveral. Mayor es el número de consumidores que mas allá de sus fronteras, aprecian enormemente los productos hortícolas y frutales de esta región.

**Molinos**

El molino es, junto con el zueco, el símbolo nacional de Holanda. En ninguna tienda de souvenirs faltan los molinos, completos con áspas, en forma de huchas, cajitas de música y lámparas. Hace cuatro y cinco siglos estos edificios fueron la ayuda mas importante de los holandeses en su lucha contra el agua. Los pólderes Beemster, Purmer, Wijde Wormer, Schermer, Watergraafsmeer, Bijlmermeer, fueron secados con la fuerza del viento y después se hicieron habitables. De esta manera se ganaron para Holanda muchos miles de hectáreas de fructífero suelo que antes estaba cubierto por las peligrosas aguas.

Por muchos años aún estos característicos molinos han conservado secos los pólderes. En la segundo mitad del siglo pasado se fué sustituyendo su trabajo por medio de bombas hidraúlicas. Los molinos no solo sirvieron para desaguar los pólderes. Suministraron también la energía necesaria para la primera ola de mecanización que invadió esta parte de Europa Occidental. También se molía el trigo, se exprimía aceite de diferentes granos y se trabajaba la madera. Por ello nos encontramos con diferentes tipos de molinos, cada uno adaptado a la función para la que era usado.

En Holanda quedan aún unos mil molinos en su mayoría en Holanda Meridional. Los más conocidos son los diecinueve que se encuentran en el dique Kinderdijk.

# Varietà in un Paese pianeggiante

La terra è bassa e pianeggiante, attraversata da fiumi e lambita dal Mare del Nord. Il verde dei pascoli, le selve lussureggianti, le forme bizzarre delle file di dune non riescono a nascondere che quasi metà dei trentaquattromila chilometri quadrati di cui è composta l'Olanda sono stati sottratti al mare con una lotta durata secoli.

Dove ora i contadini lavorano la terra, i politici si riuniscono e i bambini giocano agli indiani, fino ad ancora poco tempo fa regnavano le onde impetuose del Mare del Nord, dello Zuiderzee e di vasti laghi. Il fondo di questa grande massa d'acqua era ed è tuttora piatto, proprio come l'Olanda di oggi. Solo ciò che affiora ad oriente e ad occidente al di sopra della superficie dell'acqua mostra qua e là qualche asperità, causata soprattutto dal ghiaccio e dal vento. Si può parlare di vere e proprie colline solamente nella parte meridionale del Limburgo, il cuneo di terra posto tra il Belgio e la Germania Federale.

## Acqua e dighe

I fiumi hanno creato il territorio olandese e nel corso dei secoli si è combattuto contro il mare per rendere abitabile tale terra con risultati non sempre incoraggianti.

L'acqua è tuttora l'elemento predominante e immancabile del paesaggio olandese. L'IJsselmeer, tenuto a freno dall'Afsluitdijk, una diga di 33 km costruita nel 1932, è un prezioso bacino d'acqua dolce e soprattutto uno dei luoghi più adatti agli sport nautici. Anche le acque della Zelanda rappresentano un eldorado per velisti e pescatori.

Di una bellezza senza pari è il cosiddetto "wad", una delle più grandi riserve naturali d'Europa che è purtroppo minacciata dal punto di vista ecologico.

Quando la marea è alta, esso è formato in gran parte da mare, mente durante la bassa marea è caratterizzato da grandi zone fangose e rappresenta un paradiso per gli uccelli e gli amanti della natura.

Inoltre, molto più all'interno, vi sono i laghi. Sono famosi soprattutto quelli della Frisia, imponenti resti di un'ampia fascia di paludi e laghi minori che si estendeva dal nordest al sudovest della provincia.

L'acqua ha formato e influenzato nell'aspetto anche i paesaggi che circondano i fiumi, nel territorio di confine tra il serio e impegnato nord dell'Olanda e il più frivolo sud. I fiumi, spesso solcati da moltissime imbarcazioni, sono circondati da bassi terreni golenali e da imponenti dighe intorno a cui si sono raccolti villaggi e città. "E in tutte le regioni si teme e si ascolta la voce dell'acqua portatrice di eterne sciagure", scrisse un poeta in un periodo in cui l'idrologia doveva ancora fare grandi progressi.

Le dighe simboleggiano la lotta contro l'acqua, iniziata lungo i fiumi già all'inizio del medioevo e poi proseguita intorno all'anno mille lungo il mare.

## Dune

Non tutta la costa viene protetta dalle dighe. In Zelanda, nelle provincie dell'Olanda Settentrionale e Meridionale e nelle isole Frisone occidentali le dune formano un argine naturale, creato nel tempo dal vento e dalla sabbia senza alcun apporto da parte dell'uomo, che tuttavia contribuisce al mantenimento di tale barriera naturale piantandovi erba arenaria e rinforzandone i punti più deboli.

I più bei paesaggi caratterizzati dalle dune si trovano nell'Olanda Settentrionale, tra Castricum e Callantsoog, e nella zona tra IJmuiden e Zandvoort, le cosiddette Kennemerduinen, dune costiere appena coperte di vegetazione e caratterizzate da laghetti e boschi di conifere.

Vi sono dune anche nell'interno del Paese, a volte nate in modo del tutto naturale e a volte causate dall'intensivo sfruttamento del suolo da parte dall'uomo.

Per tale motivo la vegetazione naturale è scomparsa e il vento ha potuto liberamente modellare il terreno sabbioso. Gli affascinanti risultati della sua azione sono evidenti soprattutto nel Veluwe e nel Brabante Settentrionale.

## Boschi

Chi ama le lunghe passeggiate nella natura troverà che i boschi rappresentano un luogo non meno ideale dei paesaggi caratterizzati dalle dune.

Se l'Olanda non avesse subito l'opera di modifica dell'uomo, sarebbe composta in gran parte da boschi. Tuttavia, in tutto il Paese non vi è più la benché minima traccia delle foreste naturali che una volta lo caratterizzavano. La densità della popolazione ha reso necessario utilizzare al meglio ogni metro quadrato, ed è per questo che i boschi sono scomparsi per consentire l'utilizzo del suolo per l'agricoltura, l'ingrandimento di paesi e città e la costruzione di strade e autostrade. Tuttavia è stato effettuato il rimboschimento di altre zone per costituire delle riserve di caccia, per la produzione del legno e, soprattutto negli ultimi tempi, per "purificare" l'aria.

Alcuni dei boschi piantati dall'uomo hanno già qualche secolo, e riescono a dare un'idea di come potessero essere in origine le foreste naturali. Ve ne sono, tra l'altro, sulle colline del Limburgo Meridionale e nei pressi di Nimega, nonché nel Veluwe, la più grande riserva naturale del Paese insieme al Wad e alla fascia formata dalle dune.

In questa zona vi è una varietà particolarmente ampia di alberi e arbusti: querce, betulle, larici, sorbo, biancospino, ginepro e caprifoglio selvatico sono alcune delle specie presenti.

Il Veluwe ha molte altre cose da offrire. L'alternarsi di vaste brughiere, di dune, di ricche tenute, di ameni campi di grano e pascoli rende sempre vario e piacevole il paesaggio. Il Parco nazionale de Hoge Veluwe è il cuore di questa grande riserva naturale in cui dimorano mammiferi allo stato brado che non si trovano più in nessun'altra zona dell'Olanda, ad esempio i mufloni e i cinghiali.

## Brughiere

Per chi ama le passeggiate a contatto con la natura, le brughiere olandesi sono il luogo ideale. Le grandi distese di colore rosso scuro sono interrotte qua e là da qualche betulla bianca o da un abete. Pur trovandosi in uno dei Paesi più densamente popolati del mondo, vi si può respirare un'aria di pace e tranquillità; vipere e bisce d'acqua serpeggiano tra la vegetazione selvatica, e si possono vedere ancora degli esemplari di fagiano di monte, animale quasi estinto in Olanda. Nella zona detta Dwingelose Heide, una delle più frequentate riserve naturali olandesi, vi sono le più belle distese di erica dell'Europa occidentale. Esse sono ancora pure e incontaminate, e sembra che risalgano ai tempi descritti dalla Genesi. In realtà, si tratta solo di un'apparenza, poiché queste brughiere sono state create e vengono mantenute dall'uomo. Se le rosse distese non venissero regolarmente falciate, bruciate o utilizzate per il pascolo delle pecore, l'erica sarebbe rapidamente soffocata da alberi e arbusti.

## Il territorio utilizzato per l'agricoltura

I laghi, i boschi, le dune e le distese di erica vengono curati con amore dagli olandesi poiché aiutano a distendersi e a rilassarsi godendo del contatto con la natura e a dimenticare le preoccupazioni della vita quotidiana. Le riserve naturali, tuttavia, non occupano che un'area limitata del territorio olandese, e il concetto di "natura" è da intendersi in modo piuttosto lato. La popolazione ha sempre dovuto sfruttare il più possibile lo spazio a disposizione cercando di utilizzare al meglio ogni metro quadrato. In che misura vi sia riuscita lo si può constatare nelle zone in cui l'agricoltura e l'orticoltura sono divenute rami dell'attività nazionale incredibilmente produttivi. Grazie ai suoi agricoltori, l'Olanda è oggi uno dei maggiori produttori di generi alimentari e di piante ornamentali del mondo. L'agricoltura è in gran parte responsabile anche dell'aspetto della campagna olandese, in cui gli interessi economici si sposano alla bellezza del paesaggio; osservando le praterie della Frisia su cui pascolano pacifici bovini dal mantello nero si contempla la zona in cui è nata una razza di bestiame famosa in tutto il mondo. Per non parlare poi del fascino dei campi di grano della Groninga interrotti qua e là da un viottolo di campagna o da un'imponente fattoria, da cui irradia ancora la leggendaria aura di ricchezza delle generazioni contadine di una volta. In altre zone, ad esempio in Olanda Settentrionale e Meridionale, si è sviluppata moltissimo l'orticoltura. Ogni anno centinaia di migliaia di visitatori si recano a Hillegom, Lisse e in altri centri del settore orticolo per vedere con i propri occhi le meraviglie multicolori dell'Olanda "in abito primaverile", e gli eccellenti prodotti di orticoltori e frutticultori, tenuti in grande considerazione anche fuori dei confini olandesi, vengono apprezzati in tutto il mondo.

### Mulini

Il mulino è, insieme agli zoccoli di legno, il simbolo nazionale dell'Olanda. In ogni negozio di souvenir si possono acquistare salvadanai, carillon e gli oggetti più svariati con le pale tipiche dei mulini a vento. Sino a quattro, cinque secoli fa i mulini rappresentavano per gli olandesi lo strumento più efficace nella lotta contro l'acqua. Beemster, Purmer, Wijde Wormer, Schermer, Watergraafsmeer e Bijlmermeer sono solo alcune delle località bonificate e rese abitabili grazie alla forza del vento. Decine di migliaia di ettari di fertile terreno sono stati così sottratti all'acqua e utilizzati per allargare il territorio della "piccola Olanda".

Per secoli i caratteristici mulini hanno tenuto asciutti i "polder" ricavati dal prosciugamento di laghi e paludi, assolvendo egregiamente il loro compito fino a che questo non è stato affidato ai mulini a vapore nella seconda metà del secolo scorso.

I mulini non vennero utilizzati soltanto per la bonifica dei polder, ma servirono anche a fornire l'energia necessaria alla prima ondata di meccanizzazione che investì la parte settentrionale dell'Europa occidentale contribuendo alla macinazione del grano, alla spremitura dell'olio da diversi tipi di semi e alla lavorazione del legno. E' per questo che esistono diversi tipi di mulino. Nei Paesi Bassi sono rimasti oggi poco meno di mille mulini antichi, la maggior parte dei quali in Olanda Meridionale. I più famosi tra essi sono forse i diciannove mulini del polder presso Kinderdijk.

# 平らな低地国の中の変化

平らで低いというのがこの国である。多くの河川により切り裂かれ、北海にさらされている。緑の牧草地、豊かな森、砂丘によりつくりだされた変化に富んだ地形を持ちつつも、3万4千平方キロメートルのオランダのほぼ半分は、幾世紀にもわたる海との闘いのすえ勝ちとったものである、ということを見逃すことはできない。今農夫が耕作している土地、政治家が会議をしている所、子供たちがインデアンごっこをしている場所も、ほんの一昔は北海やZuiderzee、そして伸びわたる湖の荒波が制覇していた。その水底は平らであり平らであった。それでオランダも平らである。ただ海面より高い東部や西部のあちらこちらに、主に氷河や風によって形つくられたでこぼこが見られる。ベルギーとドイツの間にあるオランダの楔であるLimburg州南部においては、丘陵地帯が見られる。

## 水と堤防

河川はオランダの国土の基盤を敷いた。その土地に住み続ける為に、幾世紀にもわたる海との勝敗を繰り返す闘いが繰り広げられた。

今もなお、水はオランダの風景に威圧的で、かつ欠かすことの出来ない要素である。全長33kmにわたる堤防Afsluitdijk（1932年）が築かれたことにより支配下に治まったIJsselmeerは、貴重な淡水湖であり、特に水上スポーツには格好な湖である。又、Zeelandの水域においても、制御されているデルタプラン内ではヨット乗りや釣り人のパラダイスである。

干潟Wadは比類の無い美しさを持ち、危機にさらされているが、ヨーロッパの大自然保護地の一ヶ所である。満潮時には大半が海に、干潮時には主にぬかるみになり、野鳥や自然愛好家にはかけがえの無い楽園である。

内陸部にも多くの湖がある。特にFrieslandの湖沼は有名である。それは、この州を北西から南西に走っていた池沼の幅広い帯の名残である。

河川風景は水により作られ、それは同時にビジネ

ス的なオランダ北部と呑気な南部の境界地域にもなり、北部と南部の趣も違っている。よく船が行き来する河川は、低い堤外地と頑丈な堤防にかこまれている。その堤防に沿うように、村や町が建てられていった。

堤防は水との闘いの象徴である。それはすでに中世前半に河川付近から始まり、11世紀以降海岸線に引き続かれていった。

## 砂丘

全ての海岸線が堤防で保護されているわけでは無い。Zeeland、Noord-HollandやZuid-Hollandの州そして島々がつらなっているWaddenには風と砂と時間の合作により出来上がった砂丘が、人間が手を出さずして、自然のダムや堤防を形作っている。人は今日にいたるまで砂丘保存の為、海浜植物を植えたり、弱いか所を保護しながら努力をかさねてきた。

もっとも美しい砂丘風景はNoord-Holland州で、CastricumとCallantsoogの間そしてIJmuidenとZandvoortの間にあるKennemerduinenと呼ばれる砂丘地域に見られる。海に沿って植物が疎らに繁殖している砂丘があり、陸側には池沼、それに続いて広葉樹林や松林がある。

砂丘や漂砂は内陸部でも見られる。時には完全に自然の力により、そして時には人間によるあまりにも集約的な土地利用の結果として生ずる。

砂と風による魅惑される合作は、特にVeluweでそしてNoord-Brabant州で明らかに見られる。

## 森林

オランダに人間の操作が無かったなら、広範囲に森林が存在したであろうとしても、オランダ一帯ほとんど原生林を見つけることは出来ない。人口密度の高さによりほんの1平方メートルの広さでも有効に使うことを、迫られている。農業用、市町村の拡張や道路設置の必要性により、森林は姿

を消した。しかし別の所で貴族の狩猟愛好家により、そして木材生産のため森が植えられた。
幾つかの植林された森はすでに数世紀の古さであり、過去に原生林がどの様であったかという印象を与えてくれる。それらはLimburg 州南部の傾斜面に、Nijmegenの周辺にそして勿論オランダ最大の自然保護地である Veluwe で見受けられる。
そこには樹木や灌木の種類が、この上なく豊富である。ほんの数種を挙げるならば、かし、かばの木、ななかまど、さんざし、からまつ、ようしゅうねず、野性すいかずら等がある。

Veluweは、その外にもっと多くのものを見せてくれる。広大に伸びたヒース原野の起伏、印象的な漂砂、優雅な田園の邸宅、愛らしい小麦畑、そして牧草地。そこは何日散策しても退屈することが無い。国立公園 De Hoge Veluwe は、この広大なGelderlandの自然保護地の中核をなしている。

## ヒース原野

自然の中を散策するには、オランダのヒース原野は最適である。大きな紫色の斑点が所々数本の白樺や松の木によって中断されているだけである。
世界で指折りの人口密度の高い国の中で、安らぎとわびしさを感じられる：クサリヘビやヤマカガシが茂みの中をうねって進み、驚いたクロライチョウ（オランダでほとんど絶滅している鳥）が飛び上がる。頻繁に訪れられるオランダの自然保護地の一つである Dwingelose Heide には、西ヨーロッパでは珍しいクロスリーフヒースが見られるヒース原野は人の手により成り立ち、存続している。もし紫色の原野が定期的に刈られたり、もやされたり、放牧された羊に草食まれないなら、すぐに灌木や木々にヒース原野は占領されてしまうであろう。

## 農業地

オランダはオランダ農民のおかげで、世界で重要な食糧と装飾用栽培と呼ばれる植物の供給国の一国にまで成長した。農業は大きくオランダの田舎の様子を左右している。経済的重要性と空間的美しさがここに調和される。Friesland の牧草地を穏やかに草食む白黒まだらの牛とともに観れば、世界中に知れわたった牛の品種の発祥地が見られる。なんとGroningen の広大な麦畑は魅力的であろう。細い田舎道が、又は興味をそそられる農家

が時々見られるだけである。
Noord-Holland 州や Zuid-Holland 州では、園芸産業がこのうえなく発展した。毎年何十万もの人が、自分の眼で'春に飾られたオランダ'の色の祭典を見るために、Hillegomや Lisse 又は他の園芸農業地を訪れる。さらに多くの消費者は、野菜栽培農家や果樹栽培農家からの美味しい野菜や果物を満喫している。オランダの農作物は外国においても高い評価を受けている。

## 風車

風車は木靴とともにオランダのシンボルである。風車の羽根を付けた貯金箱やオルゴールやスタンドランプの無いお土産やさんが無いほどである。
4〜 5世紀以前には、この建造物は水との闘いでオランダ人にとって重要な助けであった。Purmer Beemster、Wijde Wormer、Schermer、Watergraafsmeer、Bijlmermeer等の町は風力によって排水され干拓地とされ、住むことが出来るまでになった。幾世紀にもわたり、この独特な風車は干拓された地を水から守ってきた。風車の使命は前世紀後半から徐々に電動ポンプに引き渡されていった。
風車は干拓地の排水の為だけに使われたわけでは無い。それらは西ヨーロッパのこの地域に流れこんだ機械化の波の初期に動力源となった。穀物が挽かれ、様々な種から油が絞りだされ、木材が加工された。
そのために多種多様な風車がある。たとえば支柱風車、塔風車、小支柱風車、パルトロク風車、やぐら風車等である。
現在オランダに1000基ばかりの古い風車が残っている。それらのほとんどは Zuid-Holland 州にあり、特に有名であるのは Kinderdijk にある19基の干拓地風車である。

Woningen uit de Gouden Eeuw, Terschelling

Dwelling from the golden age, Terschelling

Wohnungen vom goldenen Zeitalter, Terschelling

Des demeures du siècle d'or, Terschelling

Terschelling, casas del siglo de oro

Terschelling, abitazioni del Secolo d'oro

黄金時代の住居、Terschelling

*Natuur bij Leeuwarden*

*Nature near Leeuwarden*

*Die Natur in der Nähe von Leeuwarden*

*La nature près de Leeuwarden*

*Paisaje en los alrededores de Leeuwarden*

*Paesaggio naturale presso Leeuwarden*

*Leeuwarden付近の自然*

*Rust op het Nannewijd bij Heereveen*

*Rest on Nannewijd near Heereveen*

*Ruhe auf Nannewijd in der Nähe von Heereveen*

*Quiétude sur le Nannewijd, près de Heereveen*

*Tranquilidad sobre el Nannewijd, cerca de Heereveen*

*Tranquillità sul Nannewijd, presso Heereveen*

*Nannewijd の安息、Heereveen 付近*

*Klokkestoel in Gaasterland, Mirns*
*Bell-cage in Gaasterland, Mirns*
*Glockenstuhl in Gaasterland, Mirns*
*Clocher en Gaasterlande, Mirns*
*Mirns, campanario en Gaasterland*
**Campanile in Gaasterland, Mirns**
*Gaasterland 地域の鐘用骨組み、Mirns*

Het IJsselmeer, in de zomer een geliefd oord voor watersporters

The IJsselmeer, in summer a favourite place for the lovers of watersports

Das IJsselmeer, im Sommer ein beliebter Ort für Wassersportler

Le lac d'IJssel, un lieu bien aimé des adeptes des sports nautiques l'été

El IJsselmeer, un lugar apreciado en verano por los practicantes de deportes náuticos

D'estate l'IJsselmeer è molto apprezzato dagli amanti degli sport nautici

湖IJsselmeer、夏の水上スポーツ人気の地

De bemanning van de Breskens 50 hangt in de Zeeuwse thuishaven de netten uit

The crew of the Breskens 50 hangs out the nets in the Zeeland home port

Die Besatzung der 'Breskens 50' hängt im zeeuwschen Heimathafen die Netze aus

L'équipage du Breskens 50 étend les filets, dans le port d'attache zélandais

La tripulación del barco Breskens 50 cuelga sus redes dentro de su puerto Zelandés

L'equipaggio del Breskens 50 stende le reti nel porto della propria città in Zelanda

Breskens 50 号のクルーがZeeland の母港で網を外に干している

Kasteel De Haar bij het Utrechtse Haarzuilen

Castle De Haar near Haarzuilen in Utrecht

Schloss 'De Haar' bei Haarzuilen Provinz Utrecht

Le château De Haar près de Haarzuilen (Utrecht)

El castillo De Haar en Haarzuilen en Utrecht

Il castello De Haar presso Haarzuilen (Utrecht)

Utrecht 州 Haarzuilen に近い De Haar城

De landbouw wordt steeds verder gemechaniseerd

Agriculture becomes more and more mechanized

Die Landwirtschaft wird immer weiter mechanisiert

La mécanisation de l'agriculture, sans cesse poussée plus avant

La agricultura se ve constantemente mecanizada

La meccanizzazione dell'agricoltura procede senza sosta

農業は益々機械化されていく

Nederlands trots aan de maaltijd
Holland's pride at dinner
Der Stolz der Niederlande bei der Mahlzeit
La gloire nationale se restaure
El orgullo de Holanda a la comida
Il vanto dell'Olanda durante il pranzo
食事中のオランダの自慢

De 'Soaseler Möll' een in 1870 gebouwde korenmolen in Saasveld (Overijssel)

The 'Soaseler Möll' a corn mill built in 1870 in Saasveld (Overijssel).

Die 'Soaseler Möll', eine im Jahre 1870 erbaute Getreidemühle in Saasveld (Overijssel)

Le 'Soaseler Möll', un moulin à grains bâti en 1870 à Saasveld (Overijssel)

El molino de trigo 'Soaseler Möll' en Saasveld (Overijssel), que data de 1870

Il mulino da grano "Soaseler Möll" costruito nel 1870 a Saasveld (Overijssel)

'Soaseler Moll'、Saasveld(Overijssel)にある1870年に建てられた粉引き風車

Vis, vers uit zee gevangen, elke dag op de markt aangeleverd.

Fish, fresh from the sea, delivered to the market daily.

Fisch, frisch aus dem Meer gefangen, und jeden Tag auf dem Markt angeliefert.

Du poisson, tout fris pêché, on peut en trouver chaque jour au marché.

El pescado, acabado de sacar del mar, es levado diariamente al mercado.

Ogni giorno al mercato si trova il pesce appena pescato

魚、海から捕られたばかり、毎日市場に出荷される

Limburg is de Nederlandse provincie met het meeste reliëf.
Een lichtglooiend landschap met oude boomwallen tussen
de weilanden

Limburg is the Dutch province which has the most variety.
A slightly undulating landscape with old hedges between
the meadows

Limburg ist in den Niederlanden die Provinz mit dem aus-
geprägtesten Profil. Eine lichtdurchflutete Landschaft mit
alten Baumreihen zwischen den Wiesen

Le Limbourg est la province néerlandaise qui possède le
plus de relief. Un paysage de coteaux à pente douce et de
prairiers bordées d'arbres

Limburgo es la provincia holandesa de mas relieve. Un lu-
minoso paisaje con murallas de árboles entre los campos

Il Limburgo è la provincia olandese meno pianeggiante. Un paesaggio con basse colline e praterie sol-
cate da file di alberi.

Limburg はもっとも起伏のあるオランダの州である。
牧草地を仕切る老いた並木とかすかに波うつ田園風
景

*De Drentse Aa  −  een kleine beek die door een schitterend natuurgebied stroomt*

*The river Aa in Drenthe, a small stream which runs through a beautiful area*

*Die 'Drentsche Aa', ein kleiner Bach, der durch ein wundervolles Naturgebiet fließt*

*Le Aa, un petit ruisseau qui coule dans un magnifique domaine naturel (Drenthe)*

*El Aa en Drenthe, un pequeno arroyo que discurre por un parque natural*

*L'Aa, un piccolo ruscello che scorre in uno splendido parco naturale (Drenthe)*

*DrenteのAa川、美しい地帯を流れる小川*

Een kaarsrechte rij populieren langs een al even rechte weg

A completely straight row of populars along an equally straight road

Eine kerzengerade Reihe Pappeln entlang eines ebensolchen Wegs

Une rangée de peupliers droits comme des 'i' le long d'une route toute aussi rectiligne

Une hilera de rectos álamos a lo largo de un camino igualmente recto

Una fila rettilinea di pioppi lungo una via altrettanto diritta

真直ぐな道に立つ同様に真直ぐなポプラ並木

Zuid-Limburg in het voorjaar. Een bloeiende boomgaard
versiert het landschap bij Cotessen

South-Limburg in spring. A flowering orchard decorates
the landscape near Cotessen

Zuid-Limburg im Frühjahr. Ein blühender Obstgarten
schmückt die Landschaft bei Cotessen

Le sud du Limbourg au printemps. Un verger en fleur orne
le paysage aux environs de Cotessen

Limburgo del sur en primavera. El paisaje en Cotessen se
ve adornado por una floreciente huerta

Il Limburgo Meridionale in primavera. Un frutteto
in fiore ingentilisce il paesaggio nei pressi di Cotessen

Limburg 南部の春。満開の果樹園がCotessen付近の
田園風景を飾っている

Rietwinning in een drassig landschap bij het Zuidhollandse Meerkerk

The gathering of cane in the wet landscape of South-Holland near Meerkerk

Schilfrohrgewinnung in einer morastigen Landschaft in der Nähe des südholländischen Meerkerk

La culture des roseaux, dans le paysage marécageux de Meerkerk en Hollande du Sud

Explotación de cañizo en un terreno pantanoso en Meerkerk en Holanda Meridional

La raccolta delle canne nel paesaggio paludoso di Meerkerk nell'Olanda Meridionale

湿地帯での葦の収穫、Zuid-Holland州の Meerkerk

Paardebloemen, gouden pracht

Dandelions, golden splendour

Löwenzähne, goldene Pracht

Des pissenlits, de la pompe d'or

Amargones, esplendor dorado

Denti di leone, oro nell'erba

タンポポ、黄金の輝き

Menkemaborg, Uithuizen

Menkemaborg, Uithuizen

Menkemaborg, Uithuizen

Menkemaborg, Uithuizen

Uithuizen, el Menkemaborg

*Menkemaborg, Uithuizen*

領主邸Menkemaborg　Uithuizen

*Bij Gasteren in Drenthe: bos, hei, en zand vormen de basis voor een uniek en omvangrijk natuurgebied*

*Near Gasteren in Drenthe: woods heather and sand form the basis of a unique and substantial area of natural beauty*

*In der Umgebung von Gasteren in Drenthe: Wald, Heide und Sand bilden die Grundlage für ein einzigartiges und ausgedehntes Naturgebiet*

*Les environs de Gasteren dans la Drente: les bois, la lande et le sable sont les éléments de base d'une région naturelle unique très étendue*

*En Gasteren, Drenthe: bosque, brezales y arena forman la base de un único y gran parque natural*

*Nei pressi di Gasteren, Drenthe: alberi, erica e sabbia formano la base di un ampio parco naturale unico nel suo genere*

*Drenthe の Gasteren 付近、森とヒース原野と砂が独特で偉大な自然地帯の基盤をつくる*

Langs de Nederlandse kust. Bouwes Palace in Zandvoort. Een ultramodern hotel-
complex

Along the Dutch coast: Bouwes Palace in Zandvoort. An ultra-modern hotel complex

Entlang der niederländischen Küste: 'Bouwes Palace' in Zandvoort, ein ultramo-
derner Hotelkomplex

Le long de la côte néerlandaise. Bouwes Palace à Zandvoort. Un complexe hôtelier
ultra-moderne

Junto a la costa holandesa: el Bouwes Palace en Zandvoort. Un complejo hotelero
ultramoderno

Lungo la costa olandese: Bouwes Palace a Zandvoort, un complesso
alberghiero ultramoderno

オランダの海岸沿い：Zandvoort にあるBouwes Palace 、超近代的なホテ
ルコンプレックス

De avond valt. Een regenbui kondigt zich aan boven het land aan de overkant van
het water

Evening falls. A shower looks immanent above the land on the other side of the water

Der Abend dämmert. Ein Regenschauer kündigt sich über dem Land jenseits des
Gewässers an

Le soir tombe. Sur la terre de l'autre côté de l'eau s'annonce une ondée

Cae la noche. Una tormenta de lluvia amenaza por el horizonte en la otra orilla del
agua

Scende la sera. Sulla costa opposta si annuncia un temporale

夕闇がたれこめる。対岸に夕立の気配が立ちこめている

*Zomer langs de Noordzeekust*
*Summer-time along the North Sea-coast*
*Sommer entlang der Nordseeküste*
*L'été le long de la côte du la mer du Nord*
*El verano en la costa del Mar del Norte*
*L'estate sulla costa del Mare del Nord*
夏の北海海岸沿い

*Duin en Kruidberg, een oud buiten in het lover*

*Duin and Kruidberg, an old country-seat in the foliage*

*Duin en Kruidberg, ein altes Landgut zwischen den Blättern der Bäume*

*Duin et Kruidberg, un vieux domaine en verdure*

*Duin en Kruidberg, una vieja finca en medio del follaje*

**Duin en Kruidberg, un'antica tenuta immersa nel verde**

*Duin en Kruidberg* 、木の葉の間に見える古い田園邸宅

*Jong en oud, het Zeeuwse paard*
*Young and old, the horse of Zeeland*
*Jung und alt, das Zeeuwse Pferd*
*Jeune et vieux, le cheval de Zélande*
*Joven y viejo: el caballo Zelandés*
*Giovane e vecchio, il cavallo zelandese*
老いと若き、Zeeland の馬

*Strandplezier*
*Fun at the beach*
*Strandvergnügen*
*Plaisirs de plage*
*Gozo playero*
*Serenità sulla spiaggia*
海辺の戯れ

Met hebben en houwen naar het strand

To the beach with all your belongings

Mit Hab und Gut zum Strand

Vers la plage avec tout son saint frusquin

A la playa con todos los bártulos

Sulla spiaggia con tutti i propri averi

家財道具と共に海辺へ

*De oude garde, Katwijk aan Zee*

*Old people, Katwijk on Sea*

*Die alte Garde, Katwijk aan Zee*

*Des vieux gens à Katwijk sur Mer*

*La vieja guardia, Katwijk aan Zee*

**La vecchia guardia, Katwijk aan Zee**

老世代、Katwijk aan Zee

*De vuurtoren bij Hoek van Holland. Een baken voor de duizenden zeeschepen op weg naar de Rotterdamse haven*

*The lighthouse near the Hook of Holland. A beacon for the thousands of seaships on their way to the harbour of Rotterdam*

*Der Leuchtturm bei Hoek van Holland. Eine Bake für tausende von Seeschiffe auf ihrem Weg zum Rotterdammer Hafen*

*Le phare près de Hoek van Holland. Un point de repère pour les milliers de navires en route vers le port de Rotterdam*

*El faro en Hoek van Holland. Una señal para miles de barcos con dirección al puerto de Rotterdam*

**Il faro presso Hoek van Holland, un punto di riferimento per le migliaia di imbarcazioni dirette verso il porto di Rotterdam**

Hoek van Holland近くにある灯台。Rotterdam の港に向かう何千隻の船の指標

Basalt en hout, de zeewering

Bazalt and wood, the sea-wall

Basalt und Holz, die Küstenbefestiging

Le basalte et le bois, la digue de mer

Basalto y madera, el dique de mar

Basalto e legno, la diga sul mare

玄武岩と木、防波堤

De Oosterscheldebrug, de langste brug van Europa

The Oosterscheldebridge, the longest bridge in Europe

Die Oosterscheldebrücke, die längste Brücke Europas

Le pont 'Oosterschelde', le plus long de l'Europe

El puente De Oosterscheldebrug. Els el mas largo de Europa

L'Oosterscheldebrug, il ponte più lungo d'Europa

Oosterscheldebrug 、ヨーロッパ最長の橋

Glasbouw zoals hier in Berkel en Rodenrijs vormt een belangrijke pijler van de Nederlandse export. Het Westland met z'n tientallen vierkante kilometers kassen en warenhuizen kent verschillende bijnamen, zoals 'glazen stad' en 'groententuin van Europa'

Glass horiculture as here in Berkel en Rodenrijs is an important pillar of Dutch exports. The Westland with its dozens of square miles of horticultural glass is surnamed 'the glass city' or 'Europe's kitchen garden'

Treibhauszucht, wie hier in Berkel und Rodenrijs ist ein wichtiger Pfeiler des niederländischen Außenhandels. Das Westland, mit seinen zig Quadratkilometern Gewächs- und Treibhäusern, kennt allerlei Beinamen, wie 'die gläserne Stadt' und 'der Gemüsegarten Europas'

La culture sous verre, comme ici à Berkel en Rodenrijs, constitue un important pilier des exportations nèerlandaises. La règion du Westland, avec ses dizaines de kilomètres carrès de serres fixes et démontables, porte differents surnoms, comme 'la ville en verre' et le 'portager de l'Europe'

Las construcciones de vidrio, como aquí en Berkel y Rodenrijs forman un importante pilar de la exportación holandesa. La región del Westland con sus innumerables invernaderos tiene diversos apodos como 'la ciudad de cristal' o 'el huerto de Europa'

La coltura in serra come qui a Berkel en Rodenrijs è uno dei pilastri dell' esportazione olandese. Il Westland, con le sue decine di chilometri quadrati di serre, viene detto tra l'altro "la città di vetro" e "l'orto d'Europa".

ここBerkel en Rodenrijs のように温室栽培はオランダ輸出の大切な柱をなしている。数十平方キロメートルの温室を持つ Westland 地域は、'温室の町' とか 'ヨーロッパの野菜畑' と色々な異名を持っている

# Nederlanders en hun folklore

Het leven vervlakt en lijkt aan nivellering onderhevig. Zo vervagen ook de grenzen tussen noord en zuid, oost en west en ontstaat een nieuwe, gelijkvormige Europese of westerse cultuur. En toch blijken oude eigenaardigheden soms onverwachte kansen te krijgen om in een nieuwe functie voort te bestaan. Dat is het geval met folklore, die gestileerde uitingsvorm van een mengeling van geloof, vermaak en gemeenschapsbeleving.

Zeer taaie oerelementen uit het geloof van verre voorvaderen leven hierin voort; ze hebben de kerstening overleefd en lijken zelfs in het computertijdperk te kunnen voortbestaan.

De inhoud van folkloristische gebruiken, hun oorspronkelijke achtergrond en functie, is bij slechts weinigen meer bekend. Des te meer tijdgenoten scheppen er behagen in om oude festiviteiten in een nieuw jasje te steken en ze te verrijken met moderne elementen als wedijver en vermaak.

Nederlanders hechten sterk aan een eigen traditie; dat heeft zeker te maken met de zelfbewustheid die tijdens de ontstaansgeschiedenis van deze natie van handelslieden, zeelui en boeren is ontwikkeld. Hier worden folkloristische gebruiken dan ook niet voornamelijk in ere gehouden om toeristen te plezieren, maar om er zelf van te genieten en uiting te geven aan creativiteit en gemeenschapszin. Zo is de neo-folklore in één opzicht wat de oude folklore was: kenmerk van een eigen identiteit, die gedeeltelijk van streek tot streek en zelfs van dorp tot dorp kan verschillen. Ook in de twintigste eeuw.

## De Sinten

Eind november, begin december, brandt boven vrijwel iedere gracht en winkelstraat de feestverlichting. Het zijn de spannende weken voor pakjesavond. Op 5 december, ruim drie weken voor het kerstfeest, is het zover. De nationale goedheiligman Sint Nicolaas deelt pakjes uit aan alle zoete kinderen. Het stelt miljoenen vaders en moeders, zonen en dochters in de gelegenheid om onder zijn 'mantel der liefde' en dus anoniem cadeautjes weg te geven met een begeleidend gedicht waarin grappen, plaagstootjes of goedbedoelde adviezen zijn vervat. Duizenden onderwijzers in alle landsdelen nemen de gelegenheid te baat om rond deze datum hun acteertalent voor kinderen te vertonen in een 'Sinterklaassprookje'.

In Sint Nicolaas wordt de legendarische bisschop van Myra in Klein-Azië geëerd. In de Griekse kerk gold hij in de zesde eeuw al als beschermheilige van gevangenen, huwbare maagden, zeelieden en kinderen. Via Italië is de verering van deze bisschop later overgewaaid naar West-Europa, waar zij in Nederland een geheel eigen karakter kreeg.

De viering heeft in de loop der eeuwen de nodige variaties gekend, maar wel staat al heel lang het belonen van de goede en het straffen van de stoute kinderen centraal. 'Wie goed is krijgt lekkers, wie stout is de roe', zoals het in een van de vele Sinterklaasliedjes wordt bezongen. Ondeugende kinderen wordt voorgehouden, dat ze op niet meer dan een zakje zout of een turf van Sinterklaas hoefden te rekenen als ze hun leven niet beterden. In het ergste geval konden ze door de knecht van de Sint - 'Zwarte Piet' - in de zak worden meegnomen om in Spanje tot pepernoten te worden vermalen.

Tegenwoordig heeft de viering van het Sinterklaasfeest over het algemeen een wat vriendelijker karakter. Pedagogen pleiten er immers al jaren voor, de kinderen niet onnodig bang te maken. Alles draait in toenemende mate om de cadeautjes en het lekkers. Sinterklaas wordt rond de twintigste november in duizenden dorpen en steden binnengehaald, vaak op een stoomboot of op zijn witte schimmel. In de weken daarna mogen de kinderen een paar keer per week hun schoen zetten De stokoude heilige daalt dan volgens de overlevering door de schoorsteen naar beneden om er wat lekkers in te doen.

Op pakjesavond - 5 december - brengt de Sint in bijna alle gezinnen een teil of een doos met cadeautjes. Hier en daar sluipt hij 's nachts nog naar binnen en verstopt de cadeautjes door het hele huis heen. Bijzondere Sinterklaasgebruiken bestaan nog op de Waddeneilanden Ameland en Terschelling. Er is één dorp in Nederland waar Sinterklaas zich liever niet laat zien: Grouw. Zijn aanwezigheid is daar ook niet gewenst, want dit Friese dorp heeft in Sint Pieter zijn eigen goedheiligman. Deze viert op 22 februari zijn naamdag en vervult in de dagen daarvoor dezelfde functie als Sinterklaas in de rest van het land. Het Sint Pieterfeest werd vroeger op meer plaatsen gevierd. De 22-ste februari gold toen tevens als het begin van een nieuw voorjaar. In de Achterhoek begonnen de boeren op die dag met enig ceremonieel het land te bewerken en moesten de huurboeren hun pacht betalen. Op Wieringen werd jaarlijks het Sint Pietervuur ontstoken. Momenteel wordt in geen van deze plaatsen Sint Pieter nog geëerd. Maar in Grouw hebben vooral onderwijzers zijn nagedachtenis in ere weten te houden. In 1908 werden de taken van Sinterklaas praktisch aan hem overgedragen en begon een georganiseerde viering, compleet met eigen liedjes en Sint Pietergebruiken.

De heilige is hier van oudsher de patroon van de Parochiekerk, nu een protestants kerkgebouw. Het enige verschil met Sint Nikolaas is, dat Pieter geen rode maar een witte mantel draagt en dat zijn knecht niet Piet maar Hantsje Pik of Plú heet.

Uiteraard zijn Pieter en Nicolaas niet de enige heiligen om wie folkloristische gebruiken zich concentreren. Op 11 november bijvoorbeeld wordt de dood van Sint Maarten - in de vierde eeuw bisschop van Tours - herdacht. Over deze heilige gaat het verhaal, dat hij ooit de helft van zijn mantel afstond aan een bedelaar en arme kinderen van de dood redde.

Gebruik is dat de kinderen met een lampion - vroeger een uitgeholde, met kaars verlichte suikerbiet - langs de huizen trekken om te zingen. Ze worden dan beloond met snoep of geld. In Limburg worden ook nog Sint Maartenvuren ontstoken.

Andere heiligen moeten zich tevreden stellen met een meer regionale verering. Zo wordt Sint Hubertus, de patroon van de jagers, jaarlijks herdacht in o.m. Gulpen en Udenhout. In het Limburgse Beek wordt elk jaar een markt gehouden en een lichtkoningin gekozen ter ere van Sint Lucie.

In de Friese Wouden, met name in Nieuwehorne bij Heerenveen, wordt eer bewezen aan Sint Thomas door het luiden van de klokken. Vroeger duurde dat van 21 december tot 1 januari, dag en nacht. Tegenwoordig blijft het tot één dag beperkt en geschiedt het in de vorm van een concours. De beste klokkenluider wordt tot winnaar geroepen.

Een folkloristische wedstrijd is er ook ieder jaar in december in Twente. Hier staat het midwinterhoornblazen centraal. Sint Steffen wordt dit genoemd en er wordt geblazen op houten hoorns van 1,20 meter lengte en een doorsnee van 12 cm. Winnaar wordt de blazer met de sterkste longen en de grootste muzikaliteit.

## Feestdagen

Ook de internationale christelijke feestdagen brengen zo hun eigen folklore mee. Met Kerstmis uiteraard de kerstbomen en stalletjes met Pasen de optochten, de Mathäuspassion en de vuren, rond vastenavond de carnavalsoptochten en -feesten.

Deze vieringen zijn allemaal internationaal. Alleen Pasen en Pinksteren kennen nog een aantal regionale varianten, vaak van een heidense oorsprong. Zo kent Denekamp in Overijssel het paasstaakhalen. Een hoge boom in het bos wordt omgekapt en door de dorpsbewoners naar een plaats op een tiental meters van de paasbult gesleept. Daar wordt hij met een teerton in de top opgericht. Er worden ladders tegenaan gezet. Het is de taak van de jongeman die Judas speelt - hij verried immers Jezus voor geld - om de boom, staande op een van de ladders bij opbod te verkopen. 's Avonds wordt de ton samen met de paasbult in brand gestoken. De ongeschonden stam is voor de nieuwe eigenaar. Het hele gebeuren gaat gepaard met veel gezang en klokgebeier.

"Luilak" is ongetwijfeld één van de meest luidruchtige gebruiken rond Pinksteren. De viering blijft voornamelijk tot Noord-Holland beperkt, maar heeft de laatste jaren landelijke bekendheid gekregen doordat het wel eens uit de hand wil lopen. Groepen jongelui trekken 's ochtends om een uur of vier door de straten om iedereen met toeters, trommels en geschreeuw uit de slaap te wekken.

Hoewel dit altijd op de zaterdag voor Pinksteren gebeurt, valt het eigenlijk buiten de christelijke traditie. Het moet worden gezien als een begroeting van het voorjaar, die door geen enkele langslaper gemist mag worden.

Bij de viering van Kallemooi op Schiermonnikoog is de hoofdrol weggelegd voor de vetste haan van het eiland. En mocht niet voor 100% zeker zijn, dat het eiland geen nog vettere hanen telt, dan is het dat na de Pinksterdagen wél. De haan wordt namelijk niet opgegeten, maar mag zichzelf te goed doen aan alles wat lekker is. De zaterdag voor Pinksteren wordt hij gestolen uit één van de eilander kippenhokken met een voorraad voedsel opgesloten in een korf en vervolgens boven in de meiboom gehesen. Het ritueel wordt bekroond met het proeven van enige glaasjes kallemooibitter. De haan wordt op tweede Pinksterdag om zes uur in de namiddag weer naar beneden gehaald en aan de eigenaar teruggegeven. De avond daaropvolgend brengen de eilanders gezamenlijk door met het zingen van oude volksliederen in de Schiermonnikoogse taal.

## Oude spelen

Oude volksspelen hebben in de loop der jaren veel van hun vroegere populariteit verloren aan massasporten als voetbal en ijshockey. Toch worden er al lange tijd op verschillende plaatsen pogingen in het werk gesteld om een nieuw toekomstperspectief te geven. Dat geldt bijvoorbeeld voor het ringrijden, dat in een aantal variaties in Nederland wordt beoefend.

In Zeeland spreekt men van "rinkrieën". Een ruiter moet, gezeten op een galopperend paard, een houten lans door een ring met een doorsnee van 38 cm steken. De manen van het rijdier dienen met linten versierd te zijn en in de staart wordt een vlecht gelegd. Mede daardoor vormt het rinkrieën altijd een kleurrijk geheel. Oorspronkelijk deden er alleen boeren op werkpaarden aan mee. Nu de mechanisatie in de landbouw het werkpaard vrijwel heeft verdrongen, zijn de rijderijen ook opengesteld voor rijpaarden. In 1950 werd de Zeeuwse Ringrijders Vereniging opgericht.

In Friesland spreek men van "ringriden". Ook hier moet een lans door een kleine ring worden gestoken. Alleen gebeurt dit niet door een op een paard gezeten ruiter, maar door een echtpaar in klederdracht, rijdend in een klassieke sjees. De man ment en de vrouw probeert de ring aan een korte dunne stok te rijgen. Deze oude volkssport wordt ook in de provincie Groningen bedreven.

Hieraan verwant is het zogenaamde tonnetje of kuipjesteken. Bij dit vooral tijdens dorpsfeesten beoefende spel moet een lans door een gat in een plank onder een tobbe met water worden gestoken. De deelnemers zitten op een karretje dat vanaf een hoogte van anderhalve meter wordt losgelaten om vaart te krijgen. Wie met de lans de plank raakt, krijgt tot grote hilariteit van de omstanders een teil met water over zich heen.

In Twente en de Achterhoek is het klootschieten tegenwoordig weer bijzonder populair. Bij dit spel moet de "kloot", een met lood gevulde houten bal van 275 gram, in zo weinig mogelijk beurten over een bepaalde afstand worden gegooid. Het klootschieten heeft de laatste jaren zoveel van zijn vroegere populariteit herwonnen, dat er een Nederlandse Klootschietersbond is opgericht, waar enkele tientallen verenigingen bij zijn aangesloten.

Het spel wordt overigens ook in Ierland, Oost-Friesland, Oldenburg en Sleeswijk-Holstein beoefend. Eens per drie jaar worden er zelfs Europese kampioenschappen gehouden.

In verschillende streken bestaan nog spelen, die in de verte verwant zijn aan het golfspel. Dat geldt bijvoorbeeld voor het krullebollen in Zeeuws-Vlaanderen, het beugelen in Limburg en het kolven in

West-Friesland. De meeste van die spelen zijn in vroeger eeuwen bijzonder populair geweest, werden in het begin van onze eeuw met uitsterven bedreigd, maar hebben later weer een opleving doorgemaakt.

Met name in Friesland worden typisch regionale sporten beoefend, die folkloristisch getint zijn, hoe serieus ze ook worden beoefend. Zo is na de Tweede Wereldoorlog het fierljeppen - over een brede sloot springen met een polsstok - populair geworden. Ook atleten buiten de provincie hebben het overigens zeer ver in deze sport gebracht met recordsprongen van tegen de twintig meter.

Het kaatsen is de in Friesland overgebleven variant van een vroeger algemeen beoefende sport. In België weten sommige uitblinkers zich op professioneel niveau te handhaven in het verwante jeu de pelote.

En dan zijn er nog de vele historische zeilwedstrijden die regelmatig worden georganiseerd. Deelnemers zijn bezitters van prachtige oude schepen, zoals tjalken, botters, schouwen e.d. Het skûtjesilen is, alweer in Friesland, uitgegroeid tot een jaarlijks hoogtepunt van het zeilseizoen: tientallen roergangers op schitterend gerestaureerde vrachtschepen van weleer strijden binnen twee concurrerende organisaties om de hoogste schipperseer.

# The Dutch and their folklore

Life is becoming superficial and seems to suffer from levelling. In the same way borders between north and south, east and west fade and a new equal European or western culture is formed.

And yet old peculiarities seem to sometimes get an unexpected chance to live on in a new function. This is the case with folklore, that stylized expression of a mixture of belief, amusement and community spirit.

The Dutch are very attached to their own traditions: this has probably something to do with the consciousness which was developed during the early history of this nation of traders, sailors and farmers. The ancient customs here are not kept up in order to please tourists, but in order to enjoy themselves and to express their creativity and community spirit.

## The Saints

At the end of November, early December, illuminations can be seen in nearly every shoppingstreet and across nearly every canal. The weeks before ''pakjesavond'', which means parcel night, are very exciting.

On the 5th December, a good three weeks before Christmas, it has arrived. The national good saint, Saint Nicholas, hands out parcels to all good children. It gives millions of parents, sons and daughters the opportunity to show their love and give anonymous presents, accompanied by a poem full of jokes, hints and well meant advice.

Thousands of teachers in all parts of the country take the opportunity to show their acting talents to the children in a ''Sinterklaas'' fairy tale.

The festival of Saint Nicholas honours the legendary bishop of Myra in Asia Minor. In the Greek church he was known in the sixth century as the protector of prisoners, marriageable virgins, sailors and children.

Via Italy the honouring of this bishop later came to western Europe, where in the Netherlands it acquired a totally unique character.

These days the celebration of the Saint Nicholas festival takes on a somewhat friendlier nature. Pedagogues have been arguing for years that it is not necessary to frighten the children so much.

Everything revolves in an increasing way around the presents and the sweets. Around the twentieth November Saint Nicholas is brought into thousands of villages and towns, often on a steamer or on his grey horse. In the weeks which follow the children are allowed to put out their shoe a few times a week. The old Saint then, according to tradition, lowers himself through the chimney and puts some sweets in the shoe.

On ''pakjesavond'' (parcel night) which is on the 5th December, the Saint brings a basket or a tub full of presents to nearly all families. Here and there he sneaks into the house in the night and hides the presents all over the house.

Unusual Saint Nicholas customs still exist on the Frisian islands Ameland and Terschelling.

There is one village in the Netherlands where Saint Nicholas would rather not show his face: which is in Grouw. His presence is not desired there, because this Frisian village has Saint Pieter as their holy man. They celebrate his anniversary on the 22nd February and have an identical lead-up to it as the rest of the country has for Saint Nicholas.

Obviously Pieter and Nicholas are not the only saints with folklore customs. On the 11th November for example, the death of Saint Maarten - a fourth century bishop of Tours - is remembered. This saint, so the story goes, once gave half of his cloak to a beggar and saved poor children from certain death. According to custom, children go from door to door with a lantern - this used to be a hollowed-out sugarbeet with a candle in it - singing songs. They are rewarded with sweets or money. In Limburg Saint Maarten's fires are still lit as well.

Other saints have to be satisfied with a more regional celebration. In this way Saint Hubertus, patron of the hunt, is remembered every year in Gulpen and Uden-hout. In Beek, in Limburg, a lightqueen is elected every year in honour of Saint Lucie.

In the Frisian woods, especially in Nieuwehorne near Heerenveen, Saint Thomas is honoured by the ringing of the bells. In the old days this used to be done from December 21st until January 1st, day and night. These days it is restricted to one day and it is done in the form of a competition. The best bell-ringer is pronounced winner.

There is also a folklore competition in Twente every year. Here the midwinterhornblowing is central. This is called Saint Steffen, the horns involved are made of wood and are 1.20 metre long with a diameter of 12 centimetres. The winner is the blower with the strongest lungs and with the best ear for music.

## Festivals

Also the international christian festivals are subject to their own folklore. With Christmas come the christmas trees and the nativity scenes, with Easter the process-ions, the Matthewpassion and the fires, around Lent carnival. These celebrations are all international. Only Easter and Whitsun vary in certain regions, often due to pagan traditions. In this way Denekamp in Overijssel has a tradition whereby a high tree is cut down and dragged by the villagers to a place a little way away from the easter bonfire. There, a barrel with tar is placed, upside down, on top. Ladders are put up against it. It is the task of the young man who plays Judas - who betrayed Jesus for money - to sell the tree by auction, while standing on one of the ladders. In the evening the barrel is set on fire together with the easter bonfire. The unharmed tree belongs to whoever bought it. The whole thing takes place amongst a lot of singing and bellringing.

"Lazy-bones" is undoubtedly one of the most noisy customs around Whitsun. It takes places mainly in North-Holland, but has recently acquired national fame because it sometimes gets out of hand. Groups of young people go through the streets at around four o'clock in the morning to wake everyone up with trumpets, drums and a lot of shouting. This always happens on the saturday before Whitsun, so does not come within the christian tradition. It should really be seen as a greeting of Spring, which should not be missed by anyone who might oversleep.

With the celebration of Kallemooi on Schiermonni-koog, the leading figure is the fattest cock of the island. In case it is not certain that the cock is indeed the fattest one on the island, it is certain after Whitsun. This is because the cock is not eaten, but is allowed to eat as much as possible from whatever it likes best. The saturday before Whitsun he is stolen from one of the chickenruns of the island and put into a basket with a supply of food and hoisted onto the top of the Maypole. The ritual is crowned by the drinking of traditional Kallemooi-bitter. The cock is lowered down again on Whitmonday at six o'clock in the afternoon and retur-ned to his owner. The evening is spent by the islanders by singing old folksongs in the language of Schiermon-nikoog.

## Old Games

Old traditional games have through the years lost their popularity to mass sports like football and icehockey. Yet for a long time now, in different places, attempts have been made to reinstate the old games. Like for example ringriding, which is practised in a number of varieties in the Netherlands. In Zealand it is called "rinkrieen". A rider, sitting on a galloping horse, has to put a wooden pole through a ring with a diameter of 38 centimetres. The manes of the animal have to be deco-rated with ribbons and the tail is platted. Due to this the "rinkrieen" is a colourful spectacle. Originally only farmers on working horses took part. Now mechaniza-tion has virtually made the workinghorse redundant and the game is open to all horseriders. In 1950 the Zealand Ringriders Union was established.

In Friesland the same game is called "ringriden". Here too a pole has to be put through a small ring. Only here it is not done by a horse rider, but by a couple in a traditional costume, riding in a classical gig. The man drives and the woman tries to get the ring on a short thin stick. This old folksport is also practised in Groningen. Related to this is the so-called barrel or tub shooting. With this game, which is especially played during village feasts, a lance has to be put through a hole in a plank under a tub of water. The participants sit on a cart which is released at a height of one and a half metres in order to gain speed. Whoever hits the plank with the lance will be drenched by the water from the tub, much to the amusement of the lookers on.

In Twente and in the Achterhoek "kloot" shooting has become very popular. With this game the "kloot", a wooden ball filled with lead weighing 275 grams, has to be thrown over a certain distance in as few turns as possible.

The game is also played in Ireland, East Friesland, Oldenburg and Schleswig-Holstein. Once every three years the European championships are held. In some regions there are still games which are distant relatives of golf..

This is the "krullebollen" in Zealand Flanders, the "beugelen" in Limburg and the "kolven" in West-Friesland. Most of these games were very popular in earlier centuries; at the beginning of this century they were nearly nonexistant but were later revived.

In Friesland some typical regional sports are practised, which have hints of folklore however serious they are practised. After the Second World War "Fierljeppen" - jumping across a wide ditch with a polevolt - became very popular. Also athletes from outside the province have done very well in this sport, with record jumps of up to twenty metres.

The playing at five (bowls) is the Frisian remains of a general sport. In Belgium some experts become professionals in the related game "jeu de pelote".

And then there are many historical sailing competitions which are regularly organized. Competitors are owners of beautiful old ships like tjalken, botters, (fishing boats), scows, etc. The "skutjesilen" in Friesland has grown into the highlight of the sailing season. Many beautifully restored freightships from the past compete within two rivalling organizations for the highest skipper's honour.

# Niederländer und ihre Folklore

Das Leben verflacht und scheint sich zu verebnen. So verwischen auch die Grenzen zwischen Nord und Süd, Ost und West. Es entsteht eine neue einheitliche europäische oder westliche Kultur. Doch scheinen alte Bräuche manchmal unerwartete Möglichkeiten zu bekommen um in neuer Funktion weiterzubestehen. Das ist mit der Folklore geschehen, die eine stilisierte Ausdrucksform, einer Mischung von Glaube, Vergnügen und Gemeinschaftssinn ist.

Niederländer hängen sehr an ihrer eigenen Tradition. Das hat sicherlich mit dem Selbstbewußtsein zu tun, das sich während der Entstehungsgeschichte dieser Nation von Kaufleuten, Seeleuten und Bauern entwickelt hat. Die folkloristischen Sitten werden natürlich nicht nur für Touristen in Ehre gehalten. Sie sind gerade dafür da, um selbst davon zu geniessen und sich gemeinschaftlich und kreativ zu äussern.

### Die Schutzheiligen

Ende November, Anfang Dezember, brennt beinah über jeder Gracht und in jeder Geschäftsstraße die Festbeleuchtung. Es sind die spannenden Wochen vor dem Geschenkabend. Am 5. Dezember, etwa drei Wochen vor Weihnachten, ist es dann soweit. Der gutherzige Sint Niklaas verteilt Geschenke an alle braven Kinder. Er gibt Millionen Vätern und Müttern, Söhnen und Töchtern die Gelegenheit, um unter dem Deckmantel der Liebe und anonym Geschenke herzugeben, die mit einem Gedicht begleitet sind. Ein Gedicht, worin ein Spaß, ein scherzhafter Stich oder ein gutgemeinter Rat enthalten ist. Tausende Lehrer und Lehrerinnen in allen Landesteilen machen von der Gelegenheit Gebrauch, um ihr schauspielerisches Können in einer Aufführung eines Sint Niklaas-märchens zu zeigen. St. Niklaas wird geehrt als der legendäre Bischof von Myra in Klein-Asien. In der griechischen Kirche galt er schon im 6. Jahrhundert als Schutzheiliger der Gefangenen, heiratsfähigen Jungfrauen, Seeleute und Kinder. Aus Italien wehte die Verehrung des Bischof später nach Westeuropa über, wo diese einen ganz eigentümlichen charakter bekam. Heutzutage hat die Feier des Sint Niklaasfestes im allgemeinen einen eher freundlichen Charakter. Pädagogen setzen sich schon seit Jahren ein, Kinder nicht unnötig zu beängstigen.

Es geht in zunehmendem Maße um die Geschenke und Leckereien. Sint Niklaas zieht rund um den 20. November in tausenden Dörfern und Städten ein, oft auf einem Dampfschiff oder auf seinem weißen Schimmel. In den darauf folgenden Wochen, dürfen die Kinder ein paar Mal in der Woche ihren Schuh hinstellen. Der uralte heilige Mann läßt sich dann im Kamin hinab um Süssigkeiten hinein zu tun. Am Geschenkabend, 5 Dezember, bringt Sint Niklaas in beinah allen Familien eine Schüssel oder Dose gefüllt mit Geschenken. Hier und da schleicht er in der Nacht heimlich noch ins Haus um die Geschenke überall zu verstecken.

Besondere Bräuche gibt es noch auf den Watteninseln Ameland und Terschelling. In einem einzigen Dorf in den Niederlanden läßt sich Sint Niklaas lieber nicht blicken: in Grouw.

Seine Anwesenheit ist da auch nicht erwünscht, den dieses friesische Dorf kennt seinen eigenen Schutzheiligen: Sint Pieter. Er feiert am 22. Februar seinen Namenstag und erfüllt dieselbe Aufgabe wie Sint Niklaas im Rest des Landes.

Natürlich sind Sint Niklaas und Sint Pieter nicht die einzigen Heiligen, um die sich die folkloristischen Bräuche drehen. Am 11. November zum Beispiel, wird der Todestag von St. Maarten, im 4. Jahrhundert Bischof von Tours, begangen. Diesem Heiligen erzählt man nach, daß er einst seinen Mantel mit einem Bettler geteilt hat und arme Kinder vor dem Tod behütete.

Est ist Brauch der Kinder, mit Laternen singend bei den Häusern langs zu gehen. Früher waren die Laternen ausgehöhlte und mit einer Kerze erleuchtete Zuckerrüben. Die Belohnung sind Süssigkeiten und Geld. In Limburg werden auch noch St. Maartenfeuer entfacht.

Andere heilige Männer müssen sich Zufrieden geben mit einer mehr regionalen Verehrung. St. Hubertus, der Schutzpatron der Jäger, wird jährlich gedacht in unter anderem Gulpen und Udenhout. Im limburgischen Platz Beek wird ein Jahrmarkt abgehalten. Zur Ehre Sint Lucies wird eine Lichtkönigin ausgerufen.

## Fest- und Feiertage

Die internationalen christlichen Feiertage bringen ihre eigene Volkstümlichkeit mit sich. Zu Weihnachten fehlen natürlich nicht der Weihnachtsbaum und die Krippe. Ostern ist nicht vollständig ohne Aufzüge, die Mathäuspassion und die Freudenfeuer. Die Fastnacht wäre nichts ohne die Karnavalsaufzüge und Feste. Diese Feste sind international. Nur Ostern und Pfingsten kennen noch einige regionale Variationen oft heidnischen Ursprungs;

''Luilak'' ist zweifellos einer der lautesten Bräuche an Pfingsten. Dieses Fest beschränkt sich hauptsächlich auf Noord-Holland, wurde aber in den letzten Jahren im ganzen Land bekannt, weil es etwaig anders ausfällt als man erwartet. Scharen junger Leute ziehen morgens gegen etwa 4 Uhr durch die Straßen, um alle Bewohner mit viel Geschrei, Trommelwirbel und Hupen aufzuwecken.

## Alte Volksspiele

Alte Volksspiele haben im Laufe der Jahre viel ihrer Beliebtheit preisgeben müssen an Massensportarten wie Fußball und Eishockey. Dennoch werden schon seit längerem Versuche unternommen, um ihnen eine neue Zukunftsperspektive zu bieten. Das gilt zum Beispiel für das sogenannte Ringstechen, das in einigen verschiedenen Ausführungen in den Niederlanden ausgeübt wird. In Zeeland nennt man es ''Rinkrien''. Ein Reiter muß von einem gallopierenden Pferd, eine hölzerne Lanze durch einen Ring mit 38 cm Durchmesser stecken.

Dabei müssen die Mähnen mit Bändern geschmückt sein und der Schwanz zu einem Zopf geflochten werden. So wird das ''Rinkrien'' immer zu einem farbigen Ganzen. Ursprünglich nahmen nur die Bauern auf ihrem Zugpferd teil. Seitdem die Technik in der Landwirtschaft das Arbeidspferd verdrängt hat, sind beim Ringstechen auch Reitpferde zugelassen. 1950 wurde die zeeuwische ''Ringrijders Vereniging'' gegründet. Dieser Verein hat mittlerweile mehr als 600 Mitglieder.

In Friesland spricht man vom ''Ringriden''. Auch hier muß man einen Art Lanze durch eine kleinen Ring stecken. Nur wird dies nicht durch einen Reiter augeführt, sondern durch ein Paar in Volkstracht. Sie sitzen in einer klassischen Kutsche. Während der Mann lenkt, versucht die Frau den Ring mit einem kurzen, dünnen Stock zu erfassen. Dieser altertümliche Volkssport wird auch in Groningen ausgeübt.

In Twente und der Achterhoek ist das ''Klootschieten'' gegenwärtig wieder in Schwang. Bei diesem Spiel muß eine mit Blei gefüllte Kugel, ''Kloot'' geheissen und 275 Gram schwer, mit so wenig wie möglich Würfen eine bestimmte Entfernung erreichen.

Es wird übrigens auch in Irland, Ostfriesland, Oldenburg und Schlesswig-Holstein gespielt. Alle drei Jahre werden sogar europäische Wettkämpfe veranstaltet.

In verschiedenen anderen Gegenden gibt es noch Spiele, die dem Golfspiel in der Ferne verwandt sind. Dies ist der Fall beim ''Krullebollen'' in Zeeuwsch Flandern, dem ''Beugelen'' in Limburg und dem ''Kolven'' in West-Friesland.

Vorallem in Friesland werden typisch regionale Sportarten augeübt, die leicht volkstümlich gefärbt sind, obwohl sie mit grossem Ernst betrieben werden. Nach dem zweiten Weltkrieg hat das ''Fierljeppen'' sich sehr beliebt gemacht. Hierbei versucht man mit Hilfe eines Springstabes einen breiten Graben zu überqueren. Auch Athleten von außerhalb der Provinzgrenzen haben es dabei schon weit gebracht und Rekordsprünge von fast 20 Metern gemacht.

Das ''Kaatsen'' ist in Friesland ein Überbleibsel einer Variante der allgemein beübten Sportart. In Belgien wissen sich manche Spitzenkönner auf einem professionellen Niveau zu behaupten im gleichartigen ''Jeu de pelote''.

Schließlich bleiben noch die vielen historischen Segelregattas übrig, die regelmäßig ausgeschrieben werden. Die Teilnehmer besitzen prächtige alte Schiffe, wie Tjalken, Botters, Schouwen und dergleichen mehr. Das ''Skutsjesilen'', ist in Friesland herausgewachsen zum jährlichen Höhepunkt der Segelsaison. Etliche Rudergänger auf schönen restaurierten Frachtschiffen aus alten Zeiten, messen sich innerhalb zweier Organisationen, die einander gegenseitig Konkurrenz machen, um die höchste Schifferehre.

# Les Néerlandais et leur folklore

On assiste à une sorte de nivellement des modes de vie. Ainsi s'atténuent les différences entre l'Ouest et l'Est, le Nord et le Sud et se développe une nouvelle culture européenne ou occidentale.

Pourtant on constate que les particularismes locaux ont la possibilité de subsister sous des formes nouvelles. C'est le cas du folklore, une forme d'expression stylisée, mélange de religion, d'amusement et d'esprit de solidarité.

Les Néerlandais sont très attachés à leurs traditions; cela a certainement un lien avec la forme de conscience qui s'est développée pendant la naissance et la croissance de cette nation de commerçants, de marins et de paysans. Aussi les coutumes folkloriques ne sont-elles pas conservées afin de plaire aux touristes, mais afin d'en jouir soi-même et de donner une forme d'expression à la créativité et au sentiment communautaire.

## Les Saints

Fin novembre, début décembre, on peut voir dans chaque rue commerçante ou ''gracht'' (rue bordée d'un canal) briller des illuminations. Ce sont les semaines passionnantes qui précèdent la soirée des cadeaux''. Celle-ci a lieu le 5 décembre, trois bonnes semaines avant Noël. Saint Nicolas, le saint national, distribue alors des cadeaux à tous les enfants sages. Il donne aussi l'occasion à des milliers de pères et de mères, de fils et de filles d'offrir, sous le ''manteau de l'amour'' C.-À-D. avec beaucoup d'indulgence pour les fautes des autres, et donc anonymement, toutes sortes de cadeaux accompagnés de poèmes où blagues, taquineries et bons conseils sont à l'honneur. Des milliers d'instituteurs dans tout le pays profitent de l'occasion pour faire étalage devant les enfants de leurs talents d'acteur dans un conte de la Saint-Nicolas.

On célèbre en Saint Nicolas le légendaire évêque de Myrrhe en Asie Mineure. Au sixième siècle en Grèce il passait déjà pour le protecteur des prisonniers, des jeunes filles nubiles, des marins et des enfants. C'est par l'Italie que le culte de Saint Nicolas s'est répandu en Europe de l'Ouest. Il a pris alors un caractère très particulier en Hollande.

De nos jours on fête la Saint Nicolas d'une façon plus agréable. Les pédagogues répètent depuis des années qu'il ne faut pas faire inutilement peur aux enfants. Le plus important, ce sont les cadeaux et les bonnes choses. Saint Nicolas arrive aux environs du 20 novembre dans de nombreuses villes et villages, souvent en bateau à vapeur ou sur son cheval blanc. Durant les semaines qui suivent, les enfants peuvent placer leurs chaussures devant la cheminée deux fois par semaine. Le vieux Saint descend alors par la cheminée et met quelque chose de bon dans leurs chaussures. Lors de la ''soirée des cadeaux'', Saint Nicolas apporte dans chaque famille une bassine ou une boîte pleine de cadeaux. Çà et là, il se glisse encore durant la nuit dans quelques maisons pour y cacher des cadeaux.

Des coutumes particulières de la Saint Nicolas existent encore sur Ameland et Terschelling, deux des îles Wadden. Il y a aussi un village en Hollande où Saint Nicolas fait bien de ne pas se montrer: Grouw. Sa présence n'y est pas souhaitée, étant donné que le saint que l'on honore dans ce village frison est Saint Pierre. Cela se passe le 22 février, la Saint-Pierre, et il joue le même rôle que Saint Nicolas dans le reste du pays.

Saint Pierre et Saint Nicolas ne sont naturellement pas les seuls saints dotés d'attributs folkloriques. le 11 novembre par exemple, on commémore la mort de Saint Martin, évêque de Tours au quatrième siècle. On dit de ce saint homme qu'il donna la moitié de son manteau à un mendiant et qu'il sauva de la mort des enfants pauvres.

La coutume veut que les enfants aillent de maison en maison chanter devant les portes. Ils ont avec eux un lampion, autrefois une betterave à sucre évidée où l'on plaçait une bougie. On leur donne alors des bonbons ou des pièces de monnaie. Dans le Limbourg on allume encore des feux pour la Saint Martin. D'autres saints doivent se contenter d'un hommage régional: tel que Saint Hubert, le patron de la chasse, dans quelques villages comme Gulpen et Uldenhout. A Beek, au Limbourg, on organise chaque année un marché et on élit une reine de la lumière en l'honneur de Sainte Lucie.

### Les jours de fête

Les jours de fête chrétiens ont aussi leur folklore propre. A Noël, les sapins et les étables, à Pâques les processions, la passion de Saint Mathieu et les feux, aux alentours de Mardi Gras, les fêtes et les processions du carnaval. Ces festivités sont toutes internationales. Seules Pâques et la Pentecôte ont encore leurs variantes régionales, souvent d'origine païenne.

"Luilak" (fainéant) est sans aucun doute la coutume la plus bruyante aux alentours de la Pentecôte. Elle a surtout cours en Hollande du Nord mais elle a connu ces derniers temps une publicité au niveau national parce que les choses ont parfois dégénéré. Des groupes de jeunes gens se promènent vers 4 heures du matin dans les rues en jouant du tambour et de la trompette et en poussant des hurlements pour réveiller tout le monde.

### Les anciens jeux

Au cours du temps les anciens jeux ont perdu beaucoup de leur popularité et ont dû céder la place à des sports de masse tels le footbal et le hockey sur glace. Pourtant des efforts sont faits depuis longtemps pour redonner à ces jeux des perspectives d'avenir. C'est le cas par exemple du "ringrijden" (la course au bagues) qui connaît aux Pays-Bas différentes variantes. En Zélande on parle de "rinkrieën". Un cavalier sur un cheval au galop doit faire passer une lance dans un anneau de 38 centimètres de diamètre.

La crinière du cheval est décorée de rubans et sa queue est tressée. A l'origine, seuls participaient des paysans sur des chevaux de labour. Maintenant que la mécanisation de l'agriculture a pratiquement fait disparaître ce type de chevaux, les compétitions sont aussi ouvertes aux chevaux de selle. En 1950 fut fondée l'Association Zélandaise de Course aux Bagues. Elle compte aujourd'hui plus de 600 membres.

En Frise on parle de "ringriden". Là aussi la lance doit passer dans un petit anneau. La différence c'est que ce n'est pas un cavalier qui doit réaliser cela, mais un couple en costume frison assis sur un antique cabriolet. L'homme conduit et la femme essaie d'enfiler la bague sur un baton court et fin. Cet ancien sport populaire se pratique aussi dans la province de Groningen.

De nos jours la lancement de la boule est particulièrement populaire dans les régions Twente et "de Achterhoek". Le but du jeu est de faire parcourir à une "boule" de 275 grammes (en bois remplie de plomb) une certaine distance en un nombre de coups le plus petit possible.

On pratique aussi ce sport en Irlande, en Frise de l'Est - Oldenbourg et au Sleeswijk-Holstein. Des championnats d'Europe sont même organisés tous les 3 ans.

Dans différentes régions on peut encore rencontrer des jeux qui s'apparentent au golf: par exemple le "krullebollen" dans les Flandres Zélandaises, le "beugelen" (jeu de passe) au Limbourg et le "kolven" en Frise de l'Ouest.

En Frise notamment, on rencontre des sports typiquement régionaux qui ont, malgré tout le sérieux avec lequel ils sont pratiqués, des couleurs très folkloriques. Après la Seconde Guerre Mondiale le "fierljeppen", par exemple, -saut à la perche en longeur par-dessus un fossé- est devenu très populaire, et, pas seulement en Frise.

Le "kaatsen"-sorte de pelote- est la variante frisonne d'un sport autrefois pratiqué partout. En Belgique quelques champions réusissent à se hisser au niveau professionnel en pelote.

Par ailleurs on organise régulièrement de nombreuses régates historiques. Y participent les propriétaires de magnifiques navires tels que gabarre de charge, boutre, bac, etc. En Frise on appelle cela ''skûtsjesilen''. C'est devenu un des grands moments de la saison nautique: des dizaines de rameurs sur d'anciens bateaux de transport magnifiquement restaurés luttent au sein de deux organisations concurrentes pour la première place.

# Los Holandeses y su folklore

La vida misma se transforma y se ve influida por una cierta nivelación. Cada vez más se van difuminando las fronteras entre norte y sur, este y oeste y aparece una nueva, y uniforme cultura europea u occidental.

Y a pesar de ello parece que las viejas peculiaridades reciben oportunidades inesperadas para subsistir en una nueva función. Este es el caso del folklore, que es una forma de expresión compuesta de una mezcla de religión, diversión y convivencia.

Los holandeses tienen mucho apego a sus propias tradiciones; esto se debe seguramente al sentido de propia identidad que nació junto a la historia de este país de comerciantes, marineros y campesinos. Las costumbres folklóricas no se usan aquí solamente por motivos turísticos pero para que la propia población disfrute de ellos y dé rienda suelta a su creatividad y solidaridad.

## Los Santos

A final de noviembre, principio de diciembre, en casi todos los canales y centros comerciales brillan las luces de fiesta. Son las semanas de ansiedad antes de la noche de los regalos. El 5 de diciembre, tres semanas antes de Navidad, es el día señalado. El santo nacional de la bondad San Nicolás reparte regalos a todos los niños buenos. Ello da oportunidad a millones de padres, hijos y amigos a dar regalos anónimos acompañados de poemas en donde se esconden los consejos, las ironías o los chistes concernientes a la persona que recibe dichos regalos. Miles de maestros muestran su talento de actor en estas fechas representando cuentos de San Nicolás. En la figura de San Nicolás se representa al obispo de Myra en el Asia Menor. Durante el sexto siglo de nuestra era se le consideraba en la iglesia griega como el protector de los prisioneros, jóvenes casaderas, marineros y niños. A través de Italia se extendió el culto a este santo y llegó a Holanda que le dió un carácter totalmente propio.

Actualmente la celebración de San Nicolás tiene un carácter más amigable. Los pedagogos luchan desde hace ya años para que no se asuste indebidamente a los niños. En mayor medida gira dicha celebración cada año más en torno a los regalos. San Nicolás llega alrededor del 20 de noviembre a miles de pueblos y ciudades, generalmente su llegada la hace en barco de vapor o en un caballo blanco. En las semanas posteriores a su llegada, los niños ponen algunas veces por semana sus zapatos cerca de las chimeneas. El anciano santo baja, según la tradición, por dichas chimeneas para depositar en ellos sus dulces. En la noche de los regalos - 5 de diciembre- el Santo deja en casi todas las familias un saco o una caja con regalos. En algunas ocasiones esconde dichos regalos por toda la casa.

En las islas Wadden Ameland y Terschelling existen otras costumbres para esta celebración. Hay un pueblo en Holanda en donde San Nicolás no es tan apreciado: Grouw. Tampoco es querido allí, porque este pueblo frisio tiene en San Pedro un propio santo. Este celebra su santo el 22 de febrero y realiza en los días anteriores la misma función que San Nicolás en el resto del país.

Naturalmente hay otros santos sobre los que existe una tradición folklórica además de Nicolás y Pedro. El 11 de noviembre se celebra por ejemplo la festividad de San Martín obispo de Tours en el siglo cuarto. De este santo se dice que una vez repartió un capa con un pobre y salvó a niños pobres de la muerte. Es costumbre que los niños, con una farolillo de papel que antiguamente era una remolacha vaciada y con una vela encendida dentro, vayan de casa en casa cantando canciones. Los dueños de las casas les premian con dulces, fruta o dinero. En Limburgo se encienden también los fuegos de San Martín.

Otros santos se contentan con unas celebraciones más regionales. Así se celebra a San Huberto, patrón de los cazadores, en Gulpen y Udenhout entre otros. En Beek, Limburgo, se celebra anualmente el día de Santa Lucia un mercado y es elegida la reina de la luz.

### Días festivos

También las fiestas cristianas internacionales han traido sus propios costumbres. Por Navidad naturalmente los árboles y pesebres; por Pascua las cabalgatas, La Pasión según San Mateo y el fuego; en el martes de carnaval las cabalgatas y las fiestas. Estas fiestas son practicadas en todas los paises. Solamente por Pascua y Pentecostés hay algunas variantes de carácter regional.

''Luilak'' es una de las tradiciones sin duda más estrepitosas antes de Pascua de Pentecostés. Se celebra sobretodo en la Holanda Septentrional, pero en los últimos años esta empezando a tener fama nacional y ello acarrea algún exceso. Grupos de jóvenes se echan a la calle hacia las cuatro de la madrugada y con bocinas, tambores y gritos intentan despertar a todos los vecinos.

### Juegos tradicionales

En el transcurso de los años, los viejos juegos tradicionales han perdido mucha de su popularidad en favor de los deportes de masa como el fútbol y el hockey sobre hielo. A pesar de ello se trabaja en diferentes lugares del país para devolverles algo de su esplendor de antaño. Esto lo podemos aplicar al juego de las anillas que en algunas variedades se practica en Holanda. En Zelanda lo llaman ''rinkrieën''. Una persona montada a caballo a galope debe introducir una lanza de madera en un aro de 38 cm. de diámetro. Las crines de los caballos van adornadas con cintas y de su cola se hace una trenza. Por ello este juego tiene un colorido espectacular. Antiguamente sólo jugaban a ello los campesinos con sus caballos de labor. Actualmente al sustituir los tractores a los caballos de labor, se ha dado entrada también en el juego a los caballos de recréo. En 1950 se fundó la asociación de Zelanda de jugadores de ani-

llas. Desde entonces se han inscrito ya mas de 600 socios.

Este mismo juego es llamado en Frisia ''Ringriden''. También aquí se debe introducir una lanza por una anilla pequeña. Pero en lugar de ser una persona a caballo la que debe acertar la anilla, es aquí una pareja vestida en traje típico y conduciendo un clásico carrocín. El hombre conduce el carrocín y la mujer intenta introducir una corta lanza en la anilla. Este tradicional deporte se practica también en Groninga.

En Twente y en el Achterhoek ha vuelto a recobrar popularidad el juego de disparar pelotas. En este juego el ''kloot'', una pelota de madera rellenada de plomo que pesa 275 gr., debe lanzarse a una determinada distancia en varias tandas y naturalmente usando las menos tandas posibles en que el jugador tiene el turno.

Este juego se practica también en Irlanda, Oldenburg, en Frisia del este y en Sleeswijk-Holstein. Cada tres años se celebran incluso campeonatos europeos.

En algunas regiones se practican aún juegos que parecen relacionarse remotamente con el golf. Podemos citar por ejemplo el ''krullebollen'' (rizar la pelota) en la Zelanda flamenca; el ''beugelen'' en Limburgo y el ''kolven'' (juego de la vilorte) en el oeste de Frisia. La mayoría de estos juegos fueron en siglos pasados enormemente populares, al comienzo de nuestro siglo se vieron amenazados por la extinción y en los años siguientes experimentaron hasta nuestros días un nuevo resurgimiento. Sobretodo en Frisia se practican mucho los deportes típicamente regionales, con aíres folklóricos a pesar de la seriedad con que los deportistas compiten. De esta manera se ha hecho muy popular después de la Segunda Guerra Mundial el llamado ''fierljeppen'' que consiste en cruzar una zanja de agua muy ancha con la ayuda de una pértiga. Atletas de otras provincias han conseguido también buenas marcas en este deporte con saltos de más de 20 metros.

El llamado ''kaatsen'' (juego de pelota) es una variante de un deporte muy popular antiguamente que ha sobrevivido en Frisia. Algunos buenos jugadores belgas han sabido alcanzar un alto lugar dentro del profesionalismo del emparentado "jeu de pelote".

Se celebran también regularmente históricas competiciones de vela. Los participantes poseen magníficos barcos antiguos como por ejemplo los veleros llamados "tjalken", "botters" y "schouwen". La competición de los veleros "skûtsjesilen" en Frisia se ha convertido en la cumbre de la competición velera anual: decenas de timoneros a lomo de bonitos veleros de carga totalmente restaurados compiten dentro de dos organizaciones rivales para obtener la mayor gloria.

# Gli olandesi e le loro tradizioni

La vita tende sempre più ad uniformarsi e si assiste ad un progressivo livellamento delle grosse differenze. E' così che svaniscono i confini tra nord e sud, est ed ovest e si viene a creare una nuova e uniforme cultura europea. Nonostante ciò, vi sono cose che sopravvivono nel tempo in modo del tutto inaspettato e acquistano nuovo valore. E' il caso del folclore, un insieme di credenze, svago ed esperienze comuni.

Gli olandesi tengono moltissimo alle loro tradizioni, e ciò è sicuramente dovuto alla consapevolezza del proprio valore sviluppatasi durante la formazione di questa nazione di commercianti, marinai e agricoltori. Qui gli usi e i costumi nazionali non vengono tenuti in vita per i turisti, bensì per goderne personalmente e per manifestare creatività e solidarietà.

## I Santi

Tra la fine di novembre e i primi di dicembre su ogni canale e in ogni strada commerciale brillano le luminarie tipiche dei giorni di festa. Sono le eccitanti settimane che precedono la cosiddetta "sera dei regali". Il 5 dicembre, oltre tre settimane prima delle feste natalizie, è il giorno che tutti attendono. Nell'intera nazione San Nicola distribuisce i suoi doni a tutti i bimbi buoni. Questa festa fornisce l'occasione a milioni di mamme, papà, figli e figlie di distribuire, sotto la protezione del "mantello d'amore" di San Nicola, regali anonimi accompagnati da poesie contenenti scherzi, bonarie prese in giro e buoni consigli.

Con la festa dedicata a San Nicola si onora il leggendario vescovo di Mira, in Asia Minore. Già durante il sesto secolo la chiesa ortodossa lo considerava il protettore dei prigionieri, delle vergini, dei marinai e dei bambini. Attraverso l'Italia, il suo culto si è poi spostato verso l'Europa occidentale per assumere un carattere del tutto particolare in Olanda.

La ricorrenza in onore di San Nicola ha un carattere molto festoso poiché si basa sulla distribuzione di regali e leccornie. Intorno al venti di novembre San Nicola arriva in migliaia di villaggi e città, spesso su di un battello a vapore o in groppa ad un cavallo bianco. Durante le settimane che seguono, i bambini possono lasciare in bella vista le loro scarpe certi che egli le riempirà di cose buone dopo essersi calato dal camino.

Durante la sera dei regali, il 5 dicembre, la tradizione vuole che in quasi tutte le famiglie il Santo porti una scatola contenente dei doni. A volte torna di nascosto nelle case e nasconde regali ovunque. Ameland e Terschelling, due delle isole Frisone occidentali, conservano ancora usanze particolari per la festa di San Nicola. In Olanda vi è anche un villaggio in cui il Santo preferisce non farsi vedere, ossia Grouw: la sua presenza non è gradita poiché questo villaggio frisone ha già il suo protettore, San Pietro. Il 22 febbraio se ne celebra la festa e durante i giorni che precedono tale data egli porta i doni proprio come San Nicola nel resto del Paese.

Pietro e Nicola non sono certamente gli unici santi ad essere ricordati con manifestazioni di carattere folcloristico. L'11 novembre, per esempio, si ricorda la morte di San Martino, vescovo di Tours nel quarto secolo. A proposito di tale santo si racconta che divise il suo mantello con un mendicante e salvò dei bambini dalla morte. L'usanza vuole che i bimbi vadano di casa in casa cantando e portando una lampada (un tempo si usava una barbabietola da zucchero vuota illuminata al suo interno da una candela). Essi vengono poi premiati con dei dolci o del denaro. Nel Limburgo vengono anche accesi i cosiddetti fuochi di San Martino.

Altri santi devono accontentarsi del culto a livello regionale. San Uberto, patrono dei cacciatori, viene ricordato ogni anno in diverse cittadine tra cui Gulpen e Udenhout. A Beek, nel Limburgo, ogni anno si tiene un mercato e viene scelta una regina della festa in onore di Santa Lucia.

## Giorni festivi

Anche i giorni festivi internazionali del calendario cristiano hanno le loro tradizioni. Naturalmente a Natale si vedono ovunque abeti decorati e presepi, mentre a Pasqua ci sono le processioni, la passione secondo Matteo e i fuochi; verso martedì grasso, invece, hanno luogo le sfilate e le feste di Carnevale. Solo per i festeggiamenti di Pasqua e Pentecoste si conoscono ancora varianti regionali, spesso di origine pagana.

"Luilak" (letteralmente "pigrone") è sicuramente una delle usanze più chiassose del periodo di Pentecoste. I festeggiamenti avvengono soprattutto nell'Olanda Settentrionale, ma negli ultimi anni hanno conosciuto fama nazionale grazie al fatto che a volte le loro conseguenze... sfuggono di mano. Di mattina presto, di solito verso le quattro, dei gruppi di giovani percorrono le strade per svegliare tutti con trombe, tamburi e grida. E' il loro saluto alla primavera, le cui belle giornate non vanno sprecate dormendo troppo.

## Antichi giochi

Nel corso degli anni, gli antichi giochi più diffusi hanno perso molta della loro popolarità a causa degli sport di massa quali il calcio e l'hockey su ghiaccio. Nonostante ciò, in diverse aree del Paese si cerca di dar loro nuovo vigore. Questo vale ad esempio per la corsa all'anello, praticata in Olanda in varie forme.

In Zelanda tale sport viene chiamato "rinkrieën". Un cavaliere al galoppo deve far passare una lancia di legno attraverso un anello largo 38 cm. La criniera del cavallo dev'essere decorata con dei nastri e la sua coda intrecciata, particolari che contribuiscono a rendere il "rinkrieën" una manifestazione piena di colore. In origine vi partecipavano solo i contadini in groppa a cavalli da lavoro, ma ora che la meccanizzazione ha eliminato quasi del tutto tali animali dalla vita agricola si corre anche su cavalli da sella. Nel 1950 è stata fondata l'associazione dei cavalieri zelandesi della corsa all'anello, che oggi conta circa 600 membri.

In Frisia tale sport viene chiamato "ringriden", e anche qui bisogna far passare una lancia attraverso un piccolo anello. La differenza consiste nel fatto che a parteciparvi non è un cavaliere sul suo destriero ma una coppia di sposi in costume su di un calesse classico. L'uomo conduce il calesse e la donna deve cercare di far passare l'anello intorno ad un bastone corto e sottile. Questo antico sport popolare viene praticato anche nella provincia Groninga.

Nelle zone del Twente e dell'Achterhoek è attualmente molto popolare il cosiddetto "klootschieten", ossia il lancio della palla. In questo gioco la "palla", una sfera di legno contenente piombo del peso di 275 grammi, dev'essere lanciata ad una determinata distanza nel minor numero di volte possibile.

Tale gioco viene praticato anche in Irlanda, nella Frisia orientale e nelle regioni tedesche Oldenburg e Schleswig-Holstein, e una volta ogni tre anni si tiene persino un campionato europeo.

In diverse zone esistono ancora giochi lontanamente imparentati con il golf, ad esempio il "krullebollen" delle Fiandre zelandesi, il "beugelen" del Limburgo e il "kolven" della Frisia occidentale.

Soprattutto in Frisia vi sono sport tipicamente regionali che hanno un aspetto vagamente folcloristico, per quanto vengano praticati molto seriamente. Dopo la seconda guerra mondiale si è affermato il "fierljeppen", consistente nel saltare un ampio fosso con l'aiuto di una pertica. A questo sport hanno partecipato anche atleti di altre province e sono stati eseguiti salti record di circa venti metri.

"Kaatsen" (letteralmente "gioco a palla") è in Frisia la variante rimasta in voga di uno sport un tempo molto praticato. Alcuni "assi" della palla belgi hanno raggiunto livelli professionali nel "jeu de pelote", sport imparentato al frisone "kaatsen".

Vengono organizzate con regolarità anche molte regate storiche. I partecipanti sono proprietari di splendide barche antiche, ad esempio vecchi pescherecci. Sempre in Frisia, lo "skûtsjesilen" è divenuto una delle principali manifestazioni della stagione velica: decine di timonieri alla guida di splendide imbarcazioni da carico restaurate si disputano, divisi in due diversi gruppi, il massimo onore marinaro.

# オランダ人と風物詩

生活は至る所差が無くなり、同一化の傾向を見せているようである。そのようにして南北、東西の境界も変えられ、新しい類似なヨーロッパ又は西洋文化が起きている。

それでありながら根っからの独自性が時に、新しい役目で存続するために、予期せぬ機会を得るようである。それが信仰、娯楽、社会参加が交じり合い様式化された表現方法である民間伝承の場合である。

オランダ人は特に独自の伝統に執着している。それは商人、船乗り、農民からなるこの国の建国史中に発達した自信に正に関係がある。

ここで民俗習慣は観光客を楽しませるために守られているのでは無く、自分達が楽しむためであり創造性や公共心を表現するためである。

## 聖人

11月末、12月上旬にほとんどの街の運河上や商店街にお祭りの灯りが燈る。それは「プレゼントの夜」の前のそわそわする時期である。12月5日、クリスマスまで3週間あまり、がその日である。国の善聖人 Sint Nicolaasがすべてのよい子にプレゼントをくばる日である。それは何百万もの父親や母親、息子達や娘達がこの機会を利用して、慈善の意図を含み無名でプレゼントを交換する。プレゼントにはユーモアや揶揄や忠告などを織り混ぜた詩が添えられている。

小アジアMyraの伝説的な神父様が Sint Nicolaas にたたえられている。

最近では Sinterklaasの行事は一般的に、優しい性格を備えている。教育学者達が幾年も、子供達を不必要に恐がらせないように、と訴えてきたからである。プレゼントやお菓子が次第に度を増して重要になってきた。Sinterklaas は11月20日ごろ、何千もの村や町で迎えられる。多くの場合蒸気船であったり、白馬に乗って現われる。その日から、子供達は毎週数回靴を、暖炉のそばに置くことが許される。大変年老いた聖人は靴の中に美味しい物を入れるために、伝統にのっとり煙突を

通って降りてくる。プレゼントの夜、12月5日、Sintはほとんどすべての家庭にプレゼントの入った、たらいや箱を持ってくる。あちこちで真夜にこっそり入り家中にプレゼントを隠すのである。特殊なSinterklaas の習慣がまだ Wadden の島々 Ameland とTerschellingに残されている。

又、11月11日には 4世紀の Toursの神父であった Sint Maartenの死を記念する行事が行なわれる。この聖人は、乞食に彼のマントの半分をあげ、貧乏な子供達を死から救った、と伝えられている。習慣として、子供達は提灯－昔は穴をくりぬいてローソクを灯した砂糖大根－とともに家々を歩き歌を唄うのである。すると子供達はお菓子やおこずかいのご褒美がもらえる。Limburg 州では今もなお Sint Maarten の火が燃やされる。

他の聖人は、地域的な記念行事で満足しなくてはならないようである。そのようにして、猟師の守護聖人である Sint Hubertusは、毎年 Gulpen や Udenhoutでお祭りされる。

## 祝祭日

国際的キリスト教の祝日でも独自の風習が引き出される。クリスマスにはクリスマスツリーやクリスマス家畜小屋、復活祭にはパレードや受難曲そして復活祭の火、断食期間が始まる頃はカーニバルのパレードやお祭り。これらの祝典はすべて国際的に行なわれる。復活祭や聖霊降臨日には地方的特色が見られるが、それはキリスト教的起源を持っていない場合が多い。

「Luilak」は聖霊降臨日頃におこなわれ、疑いの余地なく最も騒々しい習慣の一つである。このお祭りは主にNoord-Holland 州に限られていたが、時々統制がつか無くなることから、最近全国的に有名になった。青少年のグループが、早朝4時頃警笛や太鼓や叫び声で人々を起こすために、町をうねり歩くのである。

## 懐かしい遊戯

古い民衆の遊戯は時の流れとともに、サッカーや
アイスホッケー等の大衆スポーツにその昔の人気
を失ってしまった。なおかつ、長年にわたって様
々な地で新しい展望を見つけだそうと、試みられ
た。その例にあたいするのが輪乗馬である。これ
はオランダ国内で数種の様式がある。
Zeeland 州では、この輪乗馬「ringrijden」は方
言で「rinkrieen」と言われている。騎手は馬上
から走りながら、木の槍で直径38センチの輪を刺
さなければならない。出場馬のたてがみはリボン
で飾られ、尾はお下げに編まれている。その為
「rinkrieen」はいつも色彩豊かな壮観である。

起源は、農民が農耕馬で競技を始めたのである。
今農業の機械化により、農耕馬はその場所を譲り
渡し、この競技に乗馬用の馬も出場するようにな
った。
Twente地方や Achterhoek 地方では最近クロート
シュキーテンが再び人気を博している。この競技
は、決められた距離を鉛で充たされた 275グラム
の木のボール 「クロート」でなるべく少ない回
数で投げねばならない。
この競技は、アイルランド、Oost-Friesland、
Oldenburg、Sleeswijk-Holstein でも競われてい

る。 3年に 1度この競技のヨーロッパ大会が開か
れるほどである。
異なった地方で、ゴルフと遠い親戚であるような
競技が残っている。例えば、Zeeuws-Vlaanderen
のクルルボレン、Limburg のベウヘレン、そして
West-Frieslandのコルヴェンがある。

特に Friesland州では典型的な地方競技が催され
る。民俗色に染められているが、とても真剣にお
こなわれる。そのようにして、「fierljeppen」
－ 運河をさおを使って飛びこえる競技 － は第二
次世界大戦後人気を得た。この州以外からの陸上
競技選手は20メートルにもおよぶ、記録的な距離
をおさめた。
カーツセンは、Friesland 州で昔広く行なわれた
スポーツの変形である。

又、多くの歴史的帆船競技が定期的に催される。
競技参加者は、りっぱな古い船、例えば、チャル
クン、スマック、スカウ等の持ち主である。
スクッチェシーレンと呼ばれる帆走競技は、再び
Friesland 州でセーリングシーズン中恒例のクラ
イマックスにまでなった。数十の見違えるほど修
復された以前の貨物船の船長達が、二つの競い合
う協会内で、崇高な船長の栄誉のため闘うのであ
る。

Plaggenhut, de vroegere turfmakerswoning bij Schoonoord

Turfhut, former dwelling of a peat-digger, near Schoonoord

Eine Plaggenhütte, ehemalige Torfsticher-Wohnung

Chaumière des mottes, l'ancien demeure du tourbier, près de Schoonoord

Una choza de terrones, antigua vivienda de obreros de la turbera cerca de Schoonoord

Una capanna, antica dimora dei lavoratori della torbiera nei pressi di Schoonoord

泥炭小屋、Schoonoord近くの以前の泥炭採掘人の住居

*Klederdracht tussen koren in Twente*

*Costumes among the corn in Twente*

*Volkstracht zwischen Korn in Twente*

*Costumes régionaux parmi le blé en Twente*

*Twente, traje folklórico en el trigal*

*Costumi tipici tra il grano, Twente*

麦畑の中の民族衣装、Twente地方

*De ambachtsman maakt klompen*

*The artisan is making wooden shoes*

*Der Handwerker macht Holzschuhe*

*L'artisan fait les sabots*

*El artesano haciendo zuecos*

*L'artigiano fabbrica gli zoccoli di legno*

職人が木靴を作っている

Katwijk kent elk jaar een kleurig bloemencorso

Every year Katwijk has its beautiful flower-parade

In Katwijk findet jährlich ein farbenprachtiges Blumencorso statt

Chaque an Katwijk a son concours de voitures fleuries

Concurso anual de carrozas de flores en Katwijk

Ogni anno a Katwijk vi è la sfilata dei carri floreali

毎年 Katwijkで色彩豊かなフラワーパレードが催される

De legende van het vrouwtje van Stavoren: toen haar schepen terug kwamen met slecht graan liet ze dat overboord gooien, waardoor de haven verzandde

The legend of the Woman of Stavoren in picture. When her ships returned with bad grain she made them throw it overboard which caused the harbour to silt up

Die legende der 'Jungfrau von Stavoren'. Als ihre Schiffe mit schlechtem Getreide zurückkehrten, ließ sie die Ladung überbord werfen, wodurch der Hafen versandete

La légende de la bonne femme de Stavoren: quand ses navires revinrent chargés de mauvais grains elle ke fit jeter par dessus bord, ce qui causa 'l'ensablement' du port

La leyenda en imagen de la mujer 'Vrouwtje van Stavoren'. Cuando sus barcos regresaron cargados solamente de grano, lo hizo arrojar por la borda, por lo que convirtió el puerto en un banco de arena

La leggenda della "Donna di Stavoren" dice che quando le sue barche tornarono con del grano avariato ella lo fece gettare in acqua causando l'insabbiamento del porto

Stavorenの女性の伝説：彼女の船が悪質な穀物を積んで戻ってきた時、それを全て海中に捨てさせた。それにより港が沈泥でふさがってしまった

Het stadhuis van Middelburg (Zeeland). Barokke bouwkunst vormt het decor voor de handel van alledag

The townhall of Middelburg (Zeeland). Baroque architecture forms the decor for the everyday trade

Das Rathaus von Middelburg (Zeeland). Barocke Baukunst sorgt für das Dekor im alltäglichen Handel

L'hotel de ville de Middelburg (Zélande). L'architecture baroque forme le décor du commerce de tous les jours

El ayuntamiento de Middelburg (Zeelanda). La arquitectura barroca forma la decoración del comercio diario

Il municipio di Middelburg (Zelanda). L'architettura barocca fa da sfondo al commercio quotidiano

Middelburgの市役所(Zeeland)。バロック建築が日々の商売の背景を飾っている

Monument in hout en steen: de kerk in het Friese Jouwerd heeft vele eeuwen doorstaan

A monument in wood and stone, the church in Jouwerd, Friesland has survived many centuries

Monument aus Holz and Stein: Die Kirche im friesischen Jouwerd hat viele Jahrhunderte überstanden

Monument en bois et en pierre: l'église à Jouwerd en Frise a bravé bien des siècles

Monumento en madera y piedra, la iglesia en Jouwerd en Frisia ha visto pasar muchos siglos

Monumento in legno e pietra: la chiesa di Jouwerd, in Frisia, ha resistito ai secoli

木と石の記念建造物：Friesland のJouwerd にある教会は幾世紀も存続した

*Klokkengieten, een eeuwenoud ambacht*

*Bell making, a centuries old craft*

*Das Glockengiessen, ein jahrhundertealtes Handwerk*

*Fondeur de cloches, un métier très ancien*

*La fundición de campanas, un oficio con siglos*

*La fabbricazione delle campane, un'arte antica di secoli*

鐘鋳造、数世紀の古さをもつ技巧

Een winkel van honderd jaar geleden: schril contrast met de moderne supermarkt. Dit 'grutterswinkeltje' is een museum in het Friese Exmorra

A shop of a hundred years ago, a sharp contrast with a modern supermarket. This 'grutterswinkeltje' (grocer's shop) is in a museum in Exmorra, Friesland

Ein Geschäft, wie es vor hundert Jahren war, im grellen Kontrast zum modernen Supermarkt. Dieser 'Tante Emma-Laden' ist ein Museum im friesischen Exmorra

Une boutique d'il y a cent ans: un contraste saisissant avec le supermarché ultra-moderne. Cette 'graineterie' est un musée à Exmorra en Frise

Una tienda centenaria – violento contraste con un moderno supermercado. Esta tiende 'grutterswinkeltje' es un museo en Exmorra en Frisia

Un negozio centenario in netto contrasto con il moderno supermercato. Questo negozietto è ora un museo ad Exmorra, in Frisia

100 年前のお店：現代のスーパーマーケットと大きな違いがある。この 'grutterswinkeltje' はFriesland のExmorra にある博物館である

Onze nationale lekkernij Hollandse Nieuwe, zeeverse haring, waarbij alle tafel-
manieren overboord mogen

Our national delicacy: raw herring, fresh from the sea. Table manners uncalled
for…!

Unser nationaler Leckerbissen, der 'Hollandse Nieuwe', fangfrischer Hering,
wobei man alle Tischmanieren über Bord werfen darf

Notre délice national, le Hollandse Nieuwe, hareng blanc frais pêché, pour la dé-
gustation duquel il est permis d'oublier les bonnes manières

Nuestra golosina nacional el llamado Hollandse Nieuwe, arenque pescado fresco y
para el que sobra toda forma de etiqueta al consumirse

La nostra leccornia nazionale è chiamata "Hollandse Nieuwe", aringa
cruda appena pescata per la quale è permesso dimenticare le buone ma-
niere

オランダの珍味 Hollandse Nieuwe 、海から捕りたてのにしん。この時は
全てのテーブルマナーを忘れて

Oude kanonnen op Terschelling. Het gaat om wapens die in de vorige eeuwen op de koopvaardijvloot werden gebruikt: op het eiland Terschelling woonden tal van scheepskapiteins

Old canons on Terschelling. These are the weapons which were used by the merchant navy in past centuries; many ships captains lived on the island Terschelling

Alte Geschütze auf Terschelling. Es geht hier um Waffen, die im vorigen Jahrhundert auf der Handelsflotte benutzt wurden. Auf der Insel Terschelling wohnten zahlreiche Schiffskapitäne

De vieux canons sur Terschelling. Il s'agit d'armes qui étaient utilisées au siècle dernier par la merine marchande: de nombreux capitaines de navires habitaient sur l'île Terschelling

Viejos cañones en Terschelling. Estas armas se usaron antiguamente en la marina mercante: en la isla Terschelling vivieron muchos capitanes de barco

Vecchi cannoni a Terschelling. Si tratta di armi che nei secoli passati venivano usate dalla marina mercantile; sull'isola Terschelling vivevano molti ammiragli

Terschellingにある古い大砲。19世紀に商船隊により使用された武器である：この島 Terschelling には多くの船長が住んでいた

'De Volmolen', een oude watermolen in het Limburgse Epen

'De Volmolen', an old water mill in Epen, Limburg

'De Volmolen', eine alte Wassermühle im limburgischen Epen

'De Volmolen', un vieux moulin à eau à Epen (Limbourg)

El 'De Volmolen', un molino de agua en Epen en Limburgo

"De Volmolen", un vecchio mulino ad acqua a Epen, nel Limburgo

'De Volmolen'、Limburg の Epen にある古い水車

*Kasteel Hoensbroek, bij de Limburgse plaats Hoensbroek*

*Castle Hoensbroek, near the town of Hoensbroek in Limburg*

*Schloß Hoensbroek, in der Nähe des limburgischen Ortes Hoensbroek*

*Le Kasteel Hoensbroek, près de Hoensbroek (Limbourg)*

*El castillo Hoensbroek, en el pueblo Hoensbroek en Limburgo*

*Il castello Hoensbroek presso l'omonima cittadina nel Limburgo*

*Hoensbroek城、Limburg の Hoensbroek にて*

In het zuiden van Nederland is een groot deel van de bevolking Rooms-Katholiek. Een processie – hier in Maastricht – is onderdeel van het religieuze leven

In the south of the Netherlands a large part of the population is Roman Catholic. A procession, here in Maastricht, is part of religious life

Im Süden der Niederlande ist ein Großteil der Bevölkerung katholisch. Eine Prozession in diesem Geiste, wie hier in Maastricht, ist Bestandteil des religiösen Lebens

Dans le sud des Pays Bas une grande partie de la population est catholique. Les processions colorées, comme ici à Maastricht, font partie de la vie religieuse

En el sur de Holanda una gran parte de la población es de religión católica. Una brillante procesión – aqui en Maastricht – forma parte de esa vida religiosa

Nel sud dell'Olanda gran parte della popolazione è cattolica. Le processioni, come questa a Maastricht, fanno parte della vita religiosa

オランダ南部では大多数がキリスト旧教である。ここ Maastricht で礼拝行進は宗教的生活の一部である

Kerkgebouwen zijn in Nederland vaak monumentaal; het interieur eveneens. Dit orgel, uit een kerk in Wieuwerd (Friesland) levert daarvan een illustratie

Church buildings in the Netherlands are often monumental, interior and exterior. This organ from a church in Wieuwerd (Friesland) is one of the many examples there of

Kirchengebäude sind in der Niederlande oft monumental, auch ihre Innenausstattung. Diese Orgel in der Kirche zu Wieuwerd (Friesland) ist davon eines der zahlreichen Beispiele

Les églises néerlandaises sont souvent monumentales; ainsi que leur intérieur. Cet orgue, dans une église à Wieuwerd (Frise) en donne un exemple

Los edificios religiosos son frecuéntemente en Holanda monumentales, lo mismo que sus interiores. Este órgano de una iglesia en Wieuwerd (Frisia) es un ejemplo de ello

Le chiese olandesi sono spesso monumentali, e altrettanto lo sono i loro interni. Quest' organo della chiesa di Wieuwerd (Frisia) ne è la dimostrazione

オランダの教会の建物は多くの場合記念建造物である、内装も同様に。この Wieuwerd(Friesland)にある教会のパイプオルガンはその一例である

Opgeknapte en gerestaureerde vrachtvaarders doen opnieuw dienst. Nu als charter-schip

Fixed and renovated freight-carriers are once again in service. Now as charterships

Wiederinstandgesetzte und restaurierte Frachtschiffe tun jetzt erneut Dienst als Charterschiffe

Une péniche réparée et restaurée reprend du service. Elle promène les touristes

Arreglados y restaurados los barcos de carga son usados de nuevo. Ahora como barcos de flete

Le imbarcazioni da carico rimesse a nuovo e restaurate vengono nuovamente utilizzate, stavolta per trasportare i turisti

修復された貨物船は再び運転されている。今はチャーター船として

De markt, van alles is er te koop

The market, where all sorts of things are for sale

Der Markt; alles Mögliche kann man hier kaufen

Le marché, on y trouve tout ce que l'on veut

El mercado, donde puede comprarse de todo

Il mercato, dove si può comprare proprio di tutto

市場、ここではすべてが売られている

*Herinnering aan de huisnijverheid: een spinnende vrouw in Den Helder. Vroeger was het een bron van inkomsten voor veel boerengezinnen. Tegenwoordig een hobby*

*Memory of cottage industry. A spinner in Den Helder. In the old days it was a source of income for many farming families. These days it is a hobby*

*Erinnerungen an den Hausfleiß. Eine spinnende Frau in Den Helder. Früher war Spinnen für viele Bauernfamilien eine feste Einnahmequelle, heutzutage reine Liebhaberei*

*Souvenir d'une industrie domestique. Un femme en train de filer, à Den Helder. Autrefois c'était une source de revenus pour beaucoup de familles de paysans. De nos jours, c'est un hobby*

*Recuerdo del trabajo artesanal: una hilandera en Den Helder. Antes era éste una fuente de ingresos de muchas familias campesinas. Hoy en día es un pasatiempo*

*Un'immagine dell'industria casalinga: una donna che fila a Den Helder. Un tempo tale attività rappresentava una fonte di guadagno, oggi è un hobby*

家内工業の思い出：糸を紡ぐ女性、 Den Helder にて。昔は多くの農家の
家庭収入の一部でもあった。今では趣味

*Herinnering aan de riddertijd: de ruïnes van het kasteel bij het Zuidhollandse Heenvliet*

*Memories of the time of the knights: the ruins of the castle near Heenvliet in South-Holland*

*Erinnerung an die Ritterzeit: Die Schlossruinen in der Nähe des zuid-holländischen Heenvliet*

*Souvenir des temps des chevaliers: les ruines du château près de Heenvliet, en Hollande Méridionale*

*Recuerdo de tiempos caballerescos: Las ruinas des castillo de Heenvliet en la Holanda Meridional*

*Reminiscenze dei tempi dei cavalieri: le rovine del castello presso Heenvliet, nell' Olanda Meridionale*

騎士道時代の追憶：Zuid-Hollandの Heenvliet近くの城の廃墟

*Friesland – vol meren en plassen – in de winter een eldorado voor liefhebbers van schaatsen. Over het ijs kan een tocht worden gemaakt langs de elf steden van deze provincie. De hoofdstad: Leeuwarden*

*Friesland, full of lakes and pools, in winter a paradise for lovers of skating. One can make a tour of the eleven towns of this province on ice. The capital: Leeuwarden*

*Friesland – übersäht mit Seen und Tümpeln – ist im Winter ein Dorado für Eislaufliebhaber. Auf dem Eis kann man eine Fahrt entlang der elf Städte dieser Provinz machen. Die Hauptstadt: Leeuwarden*

*La Frise et ses nombreux lacs et étangs, le paradis des patineurs. On peut faire le tour des onze villes sur la glace… La capitale: Leeuwarden*

*Frisia – lleno de mares y lagunas – es un paraíso en invierno para los amantes del patinaje sobre hielo. Sobre el hielo se puede dar un paseo por once ciudades de esta provincia. La capital: Leeuwarden*

*Durante l'inverno la Frisia, con i suoi molti laghi e stagni, è un paradiso per i pattinatori. Sul ghiaccio si possono costeggiare tutte le undici città di questa provincia, il cui capoluogo è Leeuwarden*

湖沼の多いFriesland は冬スケートの楽園である。この州の11都市を氷で結んだスケートツアーができる。州の首都：Leeuwarden

*De tuin van het landgoed Beeckestein, in het Noord-Hollandse Velsen, aangelegd met een barok gevoel voor symmetrie*

*The garden of the country estate Beeckestein, in Velsen (North-Holland) designed with a baroque feeling for symmetry*

*Der Garten des Landguts Beeckestein, im noordholländischen Velsen, ist angelegt mit einem wunderlichen Gefühl für Symetrie*

*Le jardin de la propriété Beeckestein, à Velsen (Hollande du Nord), disposé avec un sens très baroque de la symétrie*

*El jardín de la mansión Beeckestein, en Velsen en la Holanda Septentrional, plantado según un sentido barroco por la simetría*

*Il giardino della tenuta Beeckestein a Velsen, nell'Olanda Settentrionale, progettato secondo un senso della simmetria tipicamente barocco*

バロック的情調を込めてシンメトリックに構成された田園邸宅 Beeckestein の庭、Noord-Holland の Velsen

Nederland loopt uit om het Elfstedenfeest mee te vieren. Overal langs de route wor- den wedstrijd- en toerrijders van 's morgens vroeg tot 's nachts hartstochtelijk aangemoedigd

The whole country turns out to join in the Eleven Towns skating celebrations. All along the route, contestants as well as tour skaters are passionately cheered from the early hours until late at night

Ganz Holland ist auf den Beinen um das Elf-Städte-Fest mitzufeiern. Überall entlang der Route wird den Wettkampf- und Toureisläufern vom frühen Morgen bis in die Nacht leidenschaftlich Mut zugesprochen

Tout le pays se retrouve dehors, pour prendre part à la fête des onze villes de Frise. Tout le long du parcours, les participants sont, depuis l'aube jusqu's la nuit, en- couragés avec fougue

Holanda se vuelca en la celebración de la carrera Elfstedentocht. Todo a lo largo del recorrido los corredores tanto de la carrera como del paseo son animados efusiva- mente desde muy temprano por la mañana hasta bien entrada la noche

Tutta l'Olanda segue l'Elfstedentocht, durante cui i concorrenti passano lungo le undici città della Frisia. Lungo tutto il percorso i partecipanti vengono calorosamente incoraggiati dall'alba fino a notte

全オランダが Elfstedentocht(11都市スケートツアー) に繰りだす。いた るところで競技出場者やリクリエーションスケーターは早朝から夜まで暖 かく励まされる

Ringrijden, een oude boerensport staat in Nederland opnieuw in de belangstelling. In Middelburg worden regelmatig wedstrijden georganiseerd in deze behendigheidssport

Tilt at the ring, an old farmers' sport which has been revived in the Netherlands. In Middelburg regular competitions in this game of skill are organised

Ringreiten, ein alter Bauernsport, für die heute wieder großes Interesse besteht. In Middelburg werden regelmäßig Wettkämpfe in diesem Geschicklichkeitssport organisiert

'Ringrijden', un ancien sport villageois, consistant pour des concurrents à cheval ou à vélo, à piquer dans un anneau suspendu, connaît aux Pays-Bas un renouveau de popularité. A Middelburg, on organise régulièrement des concours de sport d'adresse

Juego de las anillas, un viejo deporte de campesinos esta de nuevo en Holanda en primer plano. En Middelburg se organizan regularmente competiciones de este deporte

"Ringrijden" (la corsa all'anello), un antico sport contadino, sta riguadagnando popolarità in Olanda. A Middelburg vengono organizzate con regolarità delle competizioni di questo gioco di abilità

輪乗馬、昔からの農民スポーツがオランダで再び人気を集めている。この熟練を要するスポーツの試合は Middelburg で定期的に催される

*Huize Warmelo bij Diepenheim in Overijssel. Een fraai voorbeeld van oud-Hollandse bouwkunst*

*The House of Warmelo near Diepenheim in Overijssel. A fine example of old Dutch architecture*

*Haus Warmelo bei Diepenheim in Overijssel. Ein schönes Beispiel für altholländische Baukunst*

*La demeure des Warmelo près de Diepenheim en Overijssel. Un bel example d'ancienne architecture hollandaise*

*La casa Warmelo en Diepenheim en Overijssel. Un buen ejemplo de la vieja arquitectura holandesa*

*La casa Warmelo a Diepenheim nell'Overijssel. Un bell'esempio di antica architettura olandese*

*Overijsselの Diepenheim 近くの Huize Warmelo。古いオランダ建築の洗 練された一例*

*Delfts Blauw. Een typisch Nederlands aardewerkprodukt, dat al eeuwenlang op de traditionele manier wordt gemaakt. De handbeschilderde versieringen vormen een kunstwerk op zich*

*Delfts blue. A typically Dutch pottery product, which has been made in a traditional manner for centuries. The handpainted designs are a piece of arts in their own right*

*Delfter Blau. Eine typisch niederländische Tonware, die schon seit Jahrhunderten auf die gleiche, traditionelle Weise hergestellt wird. Die handgemalten Verzierungen sind ein Kunstwerk für sich*

*Bleu de Delft. Une faïence typiquement néerlandaise, réalisée depuis des siècles selon la méthode traditionelle. Les décorations peintes à la main sont une oeuvre d'art en soi*

*El Azul de Delft. Cerámica típica holandesa, desde siglos se continua haciendo según el método tradicional. Los dibujos pintados a mano que adornan las formas constituyen de por sí una obra de arte*

*Blu di Delft. Prodotti in ceramica tipicamente olandesi realizzati da secoli secondo metodi tradizionali. Le decorazioni s ono dipinte a mano e costituiscono un'opera d'arte a sé*

*デルフトブルー。幾世紀も伝統的な方法で造られている代表的なオランダの陶器。手で描かれる模様はそれ自体芸術である*

Stilleven voor de genieters van een lekkere pijp. Dergelijke kalkstenen pijpen werden vroeger veel gerookt. Onder meer omdat ze zo breekbaar zijn komen ze nog slechts zelden voor

A still life for those who enjoy a nice pipe. These chalkstone pipes were widely used in the old days. The have become rare partly because they break so easily

Stillleben für die Genießer einer guten Pfeife. Solche Kalksteinpfeifen wurden früher viel geraucht. Ihre Zerbrechlichkeit ist ein Grund dafür, daß sie heute nur noch selten vorkommen

Nature morte pour les amateurs de bonnes pipes. Les pipes en calcaire de ce genre étaient autrefois très utilisées. Du fait, entre autres choses, de leur extrême fragilité, on n'en trouve plus que très rarement

Bodegón para los amantes de las buenas pipas. Pipas de cal coma la muestra se usaban frecuentemente en el pasado. Debido a su fragilidad actualmente se usan raramente

Natura morta per gli amanti della pipa. In passato le pipe in pietra calcarea come questa erano molto usate. Oggi sono piuttosto rare, tra l'altro a causa della loro estrema fragilità

パイプ愛好者の為の静物。この様な石灰石のパイプで以前よく吸われた。

壊れやすいという理由等で最近はあまり見られない。

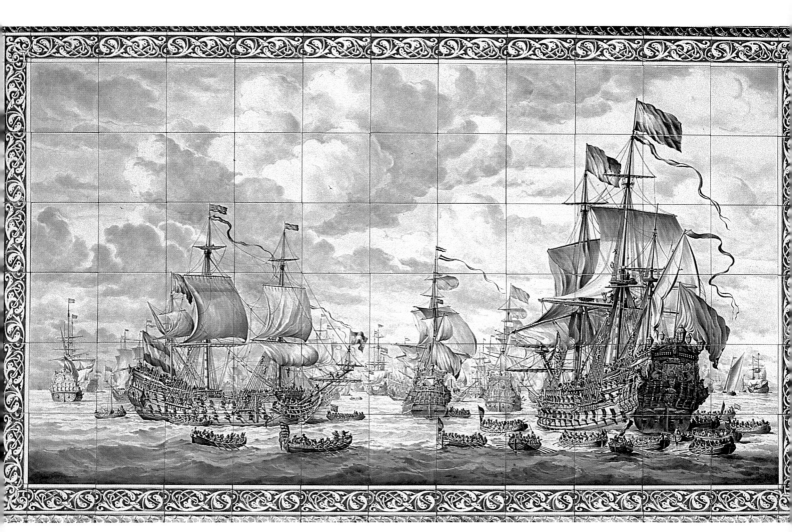

In de geschiedenis van Nederland speelt de zeevaart een belangrijke rol. Het kleine land aan de Noordzeekust had vroeger een legendarische marine- en koopvaardijvloot

In Dutch history navigation plays an important role. The small country along the North Sea coast used to have a legendary navy and merchant navy

In der Geschichte der Niederlanden spielt die Seefahrt eine wichtige Rolle. Das kleine Land an der Nordsee hatte früher eine legendäre Kriegs- und Handelsflotte

Dans l'histoire des Pays-Bas, la navigation joue un rôle important. Ce petit pays sur la côté de la Mer du Nord possédait autrefois une flotte de marine et de commerce légendaire

La navegación marítima juega en importante papel dentro de la historia de Holanda. Este pequeño país en la orilla del Mar del Norte tuvo en el pasado una flota de guerra y mercante legendaria

La navigazione ha un ruolo importante nel passato dell'Olanda. Il piccolo Paese sul Mare del Nord possedeva un tempo una flotta militare e mercantile leggendaria

オランダの歴史で航海は重要な役をはたしている。この北海に面した小国は昔伝説的な海軍と商船隊を持っていた。

Een oude traditie: een paasvuur. Rond pasen wordt een grote stapel hout, afval in brand gestoken

An old tradition: an Easter bonfire. Around Easter a large heap of wood and rubbish is collected and lit

Eine alte Tradition: Das Osterfeuer. Zur Osterzeit wird ein grosser Holz- und Abfallhäufen angezündet

Une vieille tradition: un feu de Pâques. On fait brûler un grand tas de bois en d'ordures

Una vieja tradición: el fuego de Pascua. Por Pascua se enciende una gran hoguera hecha de madera y deshechos

Una vecchia tradizione: il fuoco di Pasqua. Per Pasqua si fa bruciare una grande catasta di legno e rifiuti

古式伝統：復活祭大かがり火。復活祭の頃木や廃物の山が燃やされる

*Artiesten zijn er op elk niveau. Sommigen laten hun werk in musea zien, anderen kiezen voor een algemener publiek*

*Culture on the streets of Amsterdam, made for passers-by*

*Künstler gibt es auf jedem Niveau. Manche stellen ihre Werke in Galerien aus, andere suchen ein allgemeineres Publikum*

*On peut trouver des artistes partout. Certains exposent leurs oeuvres dans les musées, d'autres choisissent un public plus large*

*Hay artistas a todos los niveles. Algunos hacen sus exposiciones en museos, otros prefieren un público mas general*

*Vi sono artisti a tutti i livelli. Alcuni di loro espongono le proprie opere nei musei, altri preferiscono un pubblico di passanti*

様々な芸術家。作品を美術館で見せる芸術家もいれば通りの一般大衆を対象にする芸術家もいる

Trots houdt de grimmige leeuw het wapen vast van de stad Harlingen
(Friesland). Een uitvalsbasis voor watersporters en vissers op de Waddenzee

The grim lion proudly clutches the arms of the town of Harlingen (Friesland). A
base for lovers of water sports and fishing on the Shallows

Stolz hält der grimmige Löwe das Stadtwappen von Harlingen (Friesland). Ein
Stützpunkt für Wassersportler und Fischer auf dem Watt

Le lion farouche tient fièrement les armes de la ville d'Harlingen (Frise). Un port
pour les amateurs de sports nautiques et les pêcheurs de la Waddenzee

El feroz león sostiene orgulloso la enseña de la ciudad de Harlingen (Frisia). Una
base de salida para los practicantes de deportes náuticos y pesca en el mar Wadden

Il feroce leone tiene orgogliosamente tra gli artigli lo stemma della città
di Harlingen (Frisia), un porto per gli amanti degli sport nautici e i pescatori del Waddenzee

猛々しいライオンが自慢げに Harlingen市(Friesland) の紋章をつかんで
いる。Waddenzee での水上スポーツや釣り愛好家の拠点

Aardewerk van Nederlands fabrikaat in traditionele kleuren

Pottery of Dutch manufacture in traditional colours

Tonwaren aus niederländischer Herstellung in traditionellen Farben

Poterie et faïence néerlandaises, aux couleurs traditionelles

Cerámica de fabricación holandesa con sus tradicionales colores

Ceramica di fabbricazione olandese nei colori tradizionali

伝統的な色彩を持ったオランダ製造の陶器

*Folkloristische schuttersfeesten, in Limburg een jaarlijkse terugkerende traditie*

*Marksmen's folklore festivals – a yearly recurring Limburg tradition*

*Folkloristische Schützenfeste, in Limburg eine alljährlich wiederkehrende Tradition*

*Fêtes folklorique des Tireurs. Dans le Limbourg, une tradition qui revient chaque année*

*Folklorica fiesta de tiradores en Limburgo, una tradición que se conserva anualmente*

*Festa folcloristica dei tiratori nel Limburgo, una tradizione che rivive ogni anno*

民俗的な狙撃兵の祭典、恒例の*Limburg* で再現される伝統行事

Klederdracht van het Friese Oosterwolde

Traditional costume, this is the costume of Oosterwolde in Friesland

Kleidertracht. Hier sieht man die Tracht im friesischen Oosterwolde

Le costume traditionnel ici à Oosterwolde (Friesland)

El traje regional, éste es el traje de Oosterwolde en Friesland

Costume tipico di Oosterwolde, in Frisia

Friesland のOosterwolde の民族衣装

Amsterdam, handel op het Waterlooplein

Amsterdam, trade at Waterloo-square

Amsterdam, Handel am Waterlooplatz

Amsterdam, du commerce sur la place Waterloo

Amsterdam, el comercio en la plaza Waterlooplein

Amsterdam, il mercato di Waterlooplein

Waterlooplein での商売、Amsterdam

*Een eenvoudige ambachtsman uit Franeker (Friesland) bouwde in zijn vrije tijd in zijn huis een planetarium, waarin de gang van de planeten wordt geïllustreerd*

*A simple craftsman from Franeker (Friesland) built a planetarium in his house in his spare-time, in which the routes of the planets are illustrated*

*Ein einfacher Handwerker aus Franeker (Friesland), baute in seiner Freizeit in seinem Haus ein Planetarium, das den Umlauf der Planeten darstellt*

*Un simple artisan de Franeker (Frise) construisit pendant son temps libre un planétarium dans sa maison. Celui-ci illustre le mouvement des planètes*

*Un simple artesano de Franeker (Frisia) construyó en su casa durante su tiempo libre un planetario, en donde ilustró los andares de los planetas*

*Nella sua casa, un semplice artigiano di Franeker (Frisia) costruì un planetario durante il tempo libero. Esso illustra il movimento dei pianeti.*

*Franeker(Friesland) の普通の職人が余暇に彼の家にプラネタリウムを建てた。そこに惑星の軌道が図解されている*

*Volkskunst in detail: de entree van een huis*

*Folklore in detail, the entrance of a house*

*Volkskunst im Detail: der Eingang eines Hauses*

*Détail d'art populaire: l'entrée d'une maison*

*Detalle de arte popular: la entrada de una casa*

**Dettagli di arte popolare: l'ingresso di una casa**

民俗芸術詳細：家の入り口

Trams vormen in de grotere steden al jaren een onderdeel van het verkeersbeeld. Voor liefhebbers: in Hellevoetsluis is een trammuseum ingericht

Trams in the large towns have for many years formed part of the traffic. For the enthusiasts: a tram museum in Hellevoetsluis

Die Straßenbahn ist in den Größeren Städten seit Jahren nicht mehr aus dem Verkehrsbild wegzudenken. Für Liebhaber: In Hellevoetsluis hat man ein Straßenbahnmuseum eingerichtet

Dans les grandes villes les trams font déjà partie depuis des années du décor urbain. Pour les amateurs: le musée du tramway à Hellevoetsluis

En las grandes ciudades los tranvías forman parte del tráfico diario. Para los aficionados: en Hellevoetsluis se encuentra un museo de tranvías

Nelle grandi città i tram fanno parte ormai da anni del decoro urbano. Per gli appassionati: il museo del tram ad Hellevoetsluis

路面電車は大都市で長年交通の一部をなしている。愛好者向き：路面電車博物館が Hellevoetsluis に設立された

Nederlanders houden het image van een klompenvolk, ook al loopt het grootste deel van de bevolking op schoenen. Het maken van klompen vindt echter nog steeds plaats; de maat is bescheidener dan dit monument in St. Oedenrode (Brabant) suggereert

The Dutch keep the image of a "clog nation" even though the majority of the population wears shoes. The making of clogs however still takes place, to a more modest extent than this monument in St. Oedenrode (Brabant) suggests

Niederländer behalten das Persönlichkeitsbild eines "Klumpenvolks", auch wenn die Bevölkerung grössenteils Schuhe trägt. Es werden jedoch immernoch Holzklumpen hergestellt, obwohl in einem bescheidenerem Ausmass, als dieses Denkmal in St. Oedenrode (Brabant) vermuten lässt

Les Néerlandais continuent à porter l'image d'un peuple en sabot, bien que la plus grande partie de la population porte des chaussures. Cependant la production de sabots existe toujours. La taille en est plus modeste que ce monument à St. Oedenrode (Brabant) ne le suggère

Los holandeses poseen el nombre del pueblo de los zuecos aunque la mayor parte de su población calza zapatos. Sin embargo se continúan haciendo zuecos aunque en medidas mas sencillas que la representada por este monumento en St. Oedenrode (Brabante)

Gli olandesi mantengono la loro immagine di "popolo dagli zoccoli", anche se la maggior parte della popolazione indossa normalissime scarpe. Gli zoccoli di legno vengono prodotti ancora oggi, anche se in misure molto inferiori rispetto a quelle del monumento a St. Oedenrode (Brabante)

ほとんどの国民は靴で歩いているにもかかわらずオランダ人は木靴民族のイメージを保持している。木靴製作は実際まだ行なわれている：サイズはこのSt. Oedenrode (Brabant) の像より控えめである

*De Keukenhof te Lisse. Een fascinerende bloemenpracht die elk voorjaar duizenden bezoekers trekt*

*The Keukenhof in Lisse. A fascinating wealth of flowers which attracts thousands of visitors each year*

*Der Keukenhof in Lisse. Eine faszinierende Blumenpracht, die jedes Frühjahr Tausende von Besuchern anlockt*

*Le parc de Keukenhof à Lisse. Une fascinante exubérance de fleurs qui attire chaque printemps des milliers de visiteurs*

*El parque Keukenhof en Lisse. Una fascinante suntuosidad floral que atrae anualmente a miles de visitantes*

*Il Keukenhof a Lisse, una splendida profusione di fiori che ogni primavera attira migliaia di visitatori*

*Lisse の公園 Keukenhof。毎春何十万の人が訪れる魅惑的な花の祭典*

| | |
|---|---|
| *Oude dans in klederdracht* | *Antica danza in costume tipico* |
| *Old dance in costume* | フォークダンスを民族衣装で |
| *Alter Tanz in Kleidertracht* | |
| *Vieille danse en costume régional* | |
| *Baile floklórico* | |

| | |
|---|---|
| *Vissersvrouw in Katwijk* | *Moglie di un pescatore a Katwijk* |
| *Fisherwoman in Katwijk* | 漁師の妻、Katwijkで |
| *Fischersfrau in Katwijk* | |
| *Femme de pêcheur à Katwijk* | |
| *Pescadera en Katwijk* | |

*Waar toeristen zijn is handel. Een souvenirswinkel in hartje Amsterdam*

*Where there are tourists there is trade. A souvenir shop in the heart of Amsterdam*

*Wo Touristen sind, ist Handel. Ein Andenkladen mitten in Amsterdam*

*Où il y des touristes, le commerce fleurit. Une boutique de souvenirs dans le centre d'Amsterdam*

*Donde hay turismo hay comercio. Una tienda de souvenirs en el corazón de Amsterdam*

*Dove ci sono i turisti, il commercio fiorisce. Un negozio di souvenir ad Amsterdam*

観光客がいれば商いがある。お土産やさん、Amsterdamの中心で

Spakenburgse klederdracht op de markt van Zandvoort

The costume of Spakenburg on the market of Zandvoort

Spakenburger Kleidertracht auf dem Markt von Zandvoort

Le costume régional de Spakenburg au marché de Zandvoort

Vestido tradicional de Spakenburg en el mercado de Zandvoort

Costume tradizionale di Spakenburg al mercato di Zandvoort

Spakenburgの衣装 Zandvoortの市場で

*De traditionele zeilschepen*
*The traditional sailing-barges*
*Die traditionellen Segelschiffe*
*Les voiliers traditionnels*
*Los tradicionales barcos*
**Le imbarcazioni a vela tradizionali**
伝統的な帆船

*Toeristische traditie: kaasmarkt Alkmaar*

*Touristic tradition: cheese-market, Alkmaar*

*Touristische Tradition: Käsemarkt Alkmaar*

*Tradition touristique: marché au fromage, Alkmaar*

*Atracción turistica: mercado de quesos, Alkmaar*

*Un'attrazione turistica: il mercato del formaggio di Alkmaar*

観光の名物：Alkmaar のチーズ市場

# De Nederlanders en hun steden

Een stad leeft, ademt en heeft een eigen karakter. Zij kan jong zijn en het evenwicht zoeken tussen onstuimige groei en eigen stijl: een veel voorkomend verschijnsel in dit volkrijke, kleine land. Maar zij kan ook de schoonheid van het oude in zich bergen. Verstild soms en uit het grote wereldgebeuren weggegleden, functionerend als een zorgvuldig gerestaureerd museum waar alleen oude wallen, de waag en een hoge kerktoren herinneren aan de vroegere grandeur. Zo liggen de stadjes in een gordel rond het IJsselmeer; toen dit nog Zuiderzee was, vele eeuwen geleden, zeilden hier kof en galjoot de havens binnen met koopwaar uit verre landen.

Er zijn de typische bolwerken van weleer, waar vestingwerken aan een bewogen krijgsgeschiedenis herinneren: Wijk bij Duurstede, Bergen op Zoom, Coevorden. Maar veel groter in aantal zijn de steden, waar in perioden van bevolkingsexplosie en -concentratie de wijken schil na schil een stukje cultuurgeschiedenis laten zien. De rijkdom van de zeventiende eeuw, de toenemende verstarring en vormelijkheid van de achttiende en de negentiende, de industriële revolutie van na 1850, enzovoort.

De Nederlandse steden herbergen veel schoons. Voor een deel doordat de bloeiperiode van dit land juist ligt in de late Renaissance, toen kooplieden - nog niet gewend aan het leven in weelde - belegden in iets tastbaars, een huis om in te wonen en te werken. Voor een ander deel doordat de verschillende bezettende machten - Fransen, Duitsers - veelal de monumentale bebouwing intact lieten - met uitzondering uiteraard van Rotterdam. Die schoonheid vindt men in alle provincies: van het Zeeuwse Veere tot het Limburgse Maastricht, van het Brabantse 's-Hertogenbosch tot 'stad' Groningen als centrum van een wijde omgeving.

Elke stad is een bezoek waard: overal speelt het draaiorgel, staan marktkooplieden vóór de gezellige bruine café's en geeft het plaatselijke museum een indruk van regionaal en soms nationaal belangrijke historische schatten.

## Amsterdam

Hoewel met zijn 750.000 inwoners veel kleiner dan New York, Londen en Parijs, wordt Amsterdam toch algemeen beschouwd als één van de grote wereldsteden, die een beetje cosmopoliet één keer in zijn leven gezien móet hebben. Urenlang kan hij zich verpozen met wandelingen over de Heren-, Keizers-, Prinsen- en al die andere grachten, gegraven in de zeventiende eeuw toen het dorpje aan de Amstel met ambitieuze uitbreidingsplannen werd opgestoten in de vaart der volken. Voor de Hollandse kooplieden was dit de Gouden Eeuw. De grote herehuizen die ze toen langs het pas aangelegde grachtennet hebben laten bouwen, getuigen daar nog steeds van. Hoge statige panden met vaak zeer fraaie gevels en vele barokke versieringen. Ze laten zien, dat de anders zo zuinige Hollanders in die tijd niet op een paar centen hoefden te kijken.

## Rotterdam

Tegenhanger op vele punten van Amsterdam is 's werelds belangrijkste havenstad Rotterdam. Stad zonder kapsones, van zakelijkheid en ijver. Maar ook de stad van vitaliteit, die de slag van 14 mei 1940 met veel elan te boven kwam. Toen werd de hele oude kern van de Maasstad verwoest door een Duits bombardement: een indrukwekkend beeldhouwwerk van Zadkine herinnert daaraan. Na de oorlog moest die binnenstad weer van de grond af worden opgebouwd.

Nergens zijn zoveel fraaie voorbeelden te vinden van 'nieuwe zakelijkheid', de stroming die een functionele bouwwijze voorstond. Zeer de moeite waard zijn de Beurs van Staal, de Bijenkorf (warenhuis) van Breuer, het Centraal Station van Ravesteyn. Hoog daarboven torent het topje van de Euromast, vanwaar men uitziet over een stad waar tot vandaag de dag vernieuwingen niet worden geschuwd.

Maar allesoverheersend is de haven, die wonderlijke en tot ver buiten de Rotterdamse gemeentegrenzen uitgedijde bron van vertier.

## Den Haag

Toen Nederlands Oostindië aan Nederland koloniale rijkdom verschafte, groeide 's-Gravenhage uit tot centrum van een niet te omschrijven Nederlandsindische cultuur. Het bleef een open stad, bijna dorps in zijn stadsplan; in feite duurde het tot in 1811, voordat Napoleon om iets terug te doen Den Haag de titel 'de goede stad' verleende. Toch heeft het regeringscentrum en hart van het parlementair democratisch gebeuren een roemruchte geschiedenis achter zich. Die begint al rond 1230, het jaar waarin de Hollandse graaf Floris IV er een versterkte woning bouwde. In de daarop volgende decennia werd het bouwwerk voltooid met een Rolgebouw en een Ridderzaal. Beide gebouwen staan er nog. In de Ridderzaal wordt elk jaar op de derde dinsdag van september het parlementaire jaar geopend als de koningin de beide Kamers der Staten Generaal de troonrede voorleest. Dan, wanneer de Gouden Koets luid toegejuicht door de straten rijdt, komt het statige, voorname 's-Gravenhage van vroeger opnieuw tot leven. Overigens is het ook in vele andere opzichten een zeer aantrekkelijke stad. Dicht bij de Noordzee gelegen, stad met twee koninklijke paleizen, met in de naaste omgeving Neerlands beroemdste badplaats Scheveningen en binnen of net buiten de gemeentegrenzen tientallen voorname gebouwen waarin de ambassades van bevriende en andere mogendheden zijn gehuisvest.

## Utrecht

Utrecht, met zijn kwartmiljoen inwoners de vierde in Nederland, is een stad van contrasten. Eén van de oudste binnensteden grenst er aan het grote, uiterst moderne winkel- en kantorencentrum Hoog Catharijne. Voor sommigen een voorbeeld van hoe het nu juist niet moet, terwijl anderen verrukt zijn van de combinatie winkelen en monumenten bekijken. En die monumenten hééft Utrecht.

De stad werd reeds in de Romeinse tijd bewoond. Opgravingen op het Domplein hebben de fundamenten van een in 47 n. Chr. gebouwde legerplaats bloot gelegd. Twee stenen in het plaveisel herinneren aan de toegangspoorten van het castellum. Eén monument evenwel steekt in hoogte en belang boven alle andere uit: De Domtoren. In 1321 werd met de bouw ervan begonnen (al in 1254 bouwde men aan de kerk bij deze toren).

## Andere steden

Nederland kent veel meer stadsschoon dan in deze vier grote steden. Neem Maastricht, met haar 110.000 inwoners de oudste en meest zuidelijke stad van Nederland. Net als Utrecht al een nederzetting in de Romeinse tijd. Reeds in het jaar 70 werd er een brug over de Maas gebouwd (vandaar ook de oude naam Trajectum ad Mosum, overtocht over de Maas). Maastricht, bijzonder gunstig gelegen op een knooppunt van wegen, was in de Middeleeuwen een stad van internationale allure. Daaraan herinneren de Sint Servaeskerk uit de tiende en de Onze Lieve Vrouwekerk uit de elfde eeuw.

Nog zoveel meer steden zijn een bezoekje waard. Leiden bijvoorbeeld, universiteitsstad sinds 1575, dat met Rapenburg Europa's mooiste gracht binnen de stadsmuren heeft. Of Middelburg met zijn sfeervolle oude binnenstad, in 1940 grotendeels plat gebombardeerd, maar met veel vakmanschap gerestaureerd. Met als pronkjuweel het stadhuis, dat tussen 1452 en 1529 gebouwd werd door de familie Keldermans. Een laat-Gotisch gebouw met veel versieringen, dat nog altijd getuigt van de goede smaak en burgertrots uit de zestiende eeuw. Groot is Middelburg echter niet. Het telt slechts 40.000 inwoners. Steden kunnen echter nog kleiner. Friesland, overigens een typische plattelandsprovincie, telt er met zijn 600.000 inwoners maar liefst elf, waarvan sommige nog geen 1000 inwoners hebben. Ze onderscheiden zich van een dorp doordat ze in de middeleeuwen stadsrechten hebben gekregen.

# The Dutch and their towns

A town lives, breathes and has a character of its own. She can be young and looking for a balance between fast growth and an own style: a much occuring thing in this densely populated small country. But she can also accomodate the beauty of the old things. Sometimes quiet and far away from world events, functioning as a carefully restored museum, where only old walls, the weigh-house and a high churchsteeple remind one of former glory. In this way small towns lie like a circle around the IJsselmeer; when this was still the Zuiderzee, many centuries ago, ships entered their harbours with merchandise from far countries. They are the typical bulwarks of the past, where fortifications remind us of an emotional history; Wijk bij Duurstede, Bergen op Zoom, Coevorden. But there is a much greater number of towns where in times of population explosion and population concentration the suburbs show pieces of cultural history in layers. The richness of the seventeenth century, the increasing rigidity and formalization of the eighteenth and nineteenth century, the industrial revolution after 1850 etc.

The Dutch towns contain much beauty. Partly because the flourishing period of this country started in the late Renaissance, when merchants - not yet used to a life of luxury - invested in something concrete, a house to live and work in. Also partly because the different occupying powers - the French, the Germans - largely left the monumental buildings intact - with the exception of Rotterdam. That beauty can be found in all provinces: from Veere in Zealand to Maastricht in Limburg, from 's-Hertogenbosch to the town of Groningen. Every town is worth a visit; everywhere the barrel-organ plays, there are market people outside the cosy brown cafe's and the local museums give an impression of regional and sometimes historically important treasures.

## Amsterdam

Although with its 750.000 inhabitants much smaller than New York, London or Paris, Amsterdam is on the whole regarded as one of the large towns in the world, which everyone who is a bit of a cosmopolitan, must have seen once in his life. For many hours he can amuse himself with walks along the Herengracht, the Keizersgracht and the Prinsengracht and along all the other canals, which were dug in the seventeenth century when the small village on the river Amstel had ambitious plans for developmant when it was visited by many sailing nations. For the Dutch merchants this was the Golden Century. The large townhouses which they had built along the net of canals still remind us of that time. High solemn buildings often with very splendid facades and many baroque decorations. They show, that the otherwise sometimes mean Dutch didn't have to watch the pennies then.

## Rotterdam

In contrast to many things about Amsterdam, Rotterdam is the worlds most important port. A town without fuss, a town of business and diligence. But also a town of vitality, which got over the battle of the 14th May 1940 with dignity. The whole of the centre of the old town on the Meuse was destroyed by German bombardments: an impressive sculpture by Zadkine reminds us of those times. After the war the innercity had to be totally-rebuilt. This happened on the basis of a total plan, which was almost completely ready a fortnight after the liberation. Commercial, administrative and cultural institutions were situated in the towncentre; houses were mainly built in the suburbs. Rotterdam is a place of pilgrimage for the connoisseur of modern architecture. Nowhere so many excellent examples of the "new matter-of-factness", the direction which advocated a functional buildingstyle, can be found. Worth seeing are the Beurs by Staal, de Bijenkorf (a departmentstore) by Breuer, the Central Station by Ravesteyn. High above it all towers the tip of the Euromast from where one can overlook a town where even today modernization is not avoided. But the all overpowering element is the harbour the amazing and till far outside Rotterdams boundaries source of amusement.

## The Hague

When the Dutch East Indies provided the Netherlands with a colonial richness, 's-Gravenhage grew into a centre of indiscribable Dutch-Indian culture. It stayed an open town, almost like a village in its planning; in fact it was not until 1811 that Napoleon gave The Hague the title "the good town". Yet the centre of government and the heart of parliamentary democracy has a famous past. It started as far back as 1230, the year in which Count Floris IV of Holland built a fortified house there. In the following decennia the building was completed with the Rolgebouw and the Ridderzaal. both buildings are still in existence. In the Ridderzaal the Queen opens parliament every year on the third Tuesday in September, by reading the Queen's speech. Then, when the Gold Carriage is cheered in the streets, the old stately and important town of the past comes to life again. It is also in many other aspects a very pleasant town. Situated close to the North Sea, a town with two royal palaces bordering onto the most famous Dutch seaside resort Scheveningen and having within or just outside its borders many important buildings which house the embassies of foreign countries.

## Utrecht

Utrecht, with a quarter of a million inhabitants the fourth largest town in the Netherlands, is a town of contrasts. One of the oldest city centres borders onto the modern shopping and office centre Hoog Catharijne. For some an example of how things should not be done, while others are very enthusiastic about the combination of shopping and sightseeing. And Utrecht has a lot of sights to see. The town was already inhabited in Roman times. Excavations on the Domplein have exposed the foundations of an army settlement built in 47 AD. Two stones in the pavement remind us of the entrance gates of the castellum.

One monument excells all others, both in height and in importance: the Domtower. The building of this tower was started in 1321 (the church was started in 1254).

## Other towns

The Netherlands has a lot more in townbeauty than just the four large towns. Take for example Maastricht, with its 110.000 inhabitants, the oldest and most southern town in the Netherlands. Like Utrecht it is a settlement from the Roman times. As long ago as the year 70 AD a bridge was built across the Meuse (hence the old name Trajectum ad Mosum, passage across the Meuse). Maastricht, favourably situated on a knot of roads, was already in the Middle Ages a town of international graces. The Saint Servaeschurch from the tenth century and the Church of Our Lady from the eleventh century. So many more towns are worth a visit.

Leiden for example, university town since 1575, which with the Rapenburg has Europe's most beautiful canal within its town walls. Or Middelburg with its characteristic old innercity bombed in 1940, but restored with a lot of skill. The jewel is the townhall, which was built by the Keldermans family between 1452 en 1529. A late gothic building with many decorations, which still bears witness of the good taste and pride of the citizens of the sixteenth century. Middelburg is not large, it has only 40.000 inhabitants. Towns can be even smaller. In Friesland, for the rest a typical agricultural province, with its 600.000 inhabitants has at least eleven towns, some of which have fewer than one thousand inhabitants. They differ from villages because in the middle ages they were given town rights.

# Niederländer und ihre Städte

Eine Stadt lebt, atmet, hat ihren eigenen Karakter. Sie kann jung sein und das Gleichgewicht suchen, zwischen ungestümen Wachtstum und persönlichen Stil: Eine viel vorkommende Erscheinung in diesem dicht bevölkerten, kleinen Land. Aber sie kann auch die Schönheit des Alten beherbergen. Verträumt und aus dem Weltgeschehen zurückgezogen, funktioniert sie wie ein gut erhaltenes Museum. Alte Wälle, die Waagegebäude und ein hoher Kirchturm erinnern an die einstige Größe. So liegen die Städtchen in einem Gürtel rund ums IJsselmeer. Bei einer viel größeren Zahl von Städten, zeigen die Bezirke aus Zeiträumen von explosivem Bevölkerungszuwachs und- ballungen, Schale für Schale ein stückchen Kulturgeschichte.

Es gibt typische Bastionen vergangener Zeiten, woran die Festungsanlagen an eine bewegte Kriegsgeschichte erinnern: Wijk bij Duurstede, Bergen op Zoom und Coevorden. Vor etlichen Jahrhunderte, als es noch ''Zuiderzee'' hieß, liefen hier die Galioten und Kuffschiffe mit Handelsware aus fernen Ländern, in die Häfen ein. Der Reichtum des 17. Jahrhunderts, die zunehmende Erstarrung und Förmlichkeit des 18. und 19. Jahrhunderts, die industrielle Revolution nach 1850 und was dies mehr sei. Niederländische Städte bezitzen viel Schönes. Einerseits lag die Blütezeit des Landes in der späten Renaissance, in der die Kaufleute- noch nicht an den Luxus gewöhnt- ihr Geld anlegten in etwas handfestes, ein Haus um darin zu wohnen und zu arbeiten.

Diese Pracht findet man in allen Provinzen: von Veere in Zeeland bis nach Maastricht in Limburg; von 's-Hertogenbosch in Brabant bis zur Stadt Groningen als Zentrum einer weiten Umgebung. Jede Stadt ist ein Besuch wert. Überall spielt die Drehorgel, stehen Marktkaufleute vor gemütlichen Stammkneipen und hinterläßt das Heimatmuseum einen Eindruck wichtiger regionaler und oft nationaler Volksgüter.

## Amsterdam

Obwohl Amsterdam mit seinen 750.000 Einwohnern viel kleiner ist wie New York, London oder Paris, wird Amsterdam im allgemeinen zu den großen Weltstädten gezählt, die man als Mann vom Welt zumindest einmal gesehen haben muß. Stundenlang kann er sich erholen bei einem Spaziergang über Heren-, Keizers-, Prinsen- und all die andere Grachten, die im 17. Jahrhundert angelegt wurden, als das Dörfchen an der Amstel sich mit ehrgeizigen Erweiterungsplänen im Strudel der Völker mitziehen ließ. Für niederländische Kaufleute war dies die goldene Epoche. Die großen Patrizierhäuzer, die sie damals am Kanal entlang erbauen ließen beweisen es noch bis heute.

Hohe, würdige Häuser, oft mit zierlichen Giebeln und mit reichhaltiger Barockverzierung versehen, zeigen, dass die anders so sparsamen Holländer in dieser Zeit nicht auf den Pfennig zu schauen brauchten.

## Rotterdam

In vielen Hinsichten ist die Welthafenstadt Rotterdam das Gegenstück von Amsterdam. Eine Stadt ohne Einbildung, voll Sachlichkeit und Eifer. Aber auch eine lebenslustige Stadt, die den Schaden, den man ihr am 14. Mai 1940 zugefügt hat, gut überstanden hat. Damals wurde der alte Kern der Maasstadt völlig zerstört durch einen deutschen Bombenangriff. Ein eindrucksvolles Denkmal von Zadkine erinnert daran. Nach dem Krieg musste die Innenstadt vollkommen wiederaufgebaut werden. Dies geschah aufgrund eines umfangreichen Planes, der schon zwei Wochen nach der Befreiung fertig war.

Kaufmännische, behördliche und kulturelle Dienststellen bekamen so viel wie möglich einen Platz in der Stadtmitte. Wohnen sollte man nur noch in den Außenbezirken. Rotterdam ist ein Wahlfahrtsort für Kenner der modernen Architektur. Nirgendwo findet man so viele und schöne Beispiele der ''neuen Sachlichkeit'', eine Richtung, die einer praktischen Bauweise vorstand.

Sehr die Mühe wert um sich anzusehen sind die Börse, entworfen von Staal, der Bijenkorf (ein Warenhaus) von Breuer und der Hauptbahnhof, von Ravenstein, Die Spitze des Euromastes ragt hoch hinaus, vonwoaus man die Stadt überblicken kann, die bis heute dem Fortschritt nicht aus dem Weg geht. Das beweisen auch die berühmten Pfahlwohnungen.

## Den Haag

Als das niederländische Ostindien den Niederländern kolonialen Reichtum verschaffte, entwickelte sich 's-Gravenhage zum Zentrum einer nicht zu beschreibenden niederländisch-indischen Subkultur. Sie blieb eine offene Stadt, bei nahe dörflich in ihrer Einteilung. Eigentlich dauerte es bis 1811 als Napoleon Den Haag den Titel ''die gute Stadt'' verlieh um eine alte Schuld zu begleichen. Trotzdem hat der Amtssitz der Regierung und Herz des parlamentären demokratischen Geschehens, eine rühmliche Geschichte hinter sich. Sie hat 1230 ihren Anfang. In diesem Jahr liess der holländische Graf Floris IV eine befestigte Wohnung bauen. Im darauf folgenden Jahrzehnt, wurde das Gebäude erweitert mit einem Rollgebäude und einem Rittersaal. Beide Bauwerke bestehen noch heute. Im Rittersaal wird jährlich am dritten Dienstag im September das parlamentäre Jahr eröffnet. Dann hält die Königin ihre Trohnrede vor den beiden Kammern der ''Staten Generaal''. Gerade dann wird das vornehme und würdige 's-Gravenhage wieder lebendig, wenn die goldene Kutsche laut bejubelt durch die Straßen fährt. Übrigens ist Den Haag auch in vielen anderen Hinsichten eine sehr fesselende Stadt Sie liegt in der Nähe der Nordsee und hat in der unmittelbaren Nachbarschaft den mondänen Badeort Scheveningen. Innerhalb oder etwas ausserhalb ihrer Stadtgrenzen sind in vornehmen Gebäuden die Botschaften befreundeter und anderer Mächte untergebracht.

## Utrecht

Utrecht ist mit seiner Viertelmillion Einwohnern, die viertgrößte Stadt der Niederlande und eine Stadt der schrillen Kontraste. Eine der ältesten Stadtkerne grenzt an den ultramodernen Geschäfts- und Verwaltungskomplex ''Hoog Catharijne''. Für manche ein Beispiel wie man es gerade nicht machen sollte, andere wiederum sind entzückt von der Kombination: einkaufen und gleichzeitig Denkmäler besichtigen. Letztere besitzt Utrecht genug. Die Stadt wurde schon zur Römerzeit bewohnt. Bei Ausgrabungen legte man auf dem Domplatz eine im Jahre 47 n. Chr. gebauten Garnison frei.

## Andere Städte

Die Niederlande kennt viel mehr städtische Schönheit außer diesen vier Grosstädten. Nimmt man Maastricht mit ihren 110.000 Einwohnern, sie ist die älteste und südlichste Stadt des Landes. Genauso wie Utrecht, schon eine römische Niederlassung. Bereits im Jahre 70 n. Chr. wurde eine Brücke über die Maas geschlagen. Hier rührt auch der Name ''Trajectum ad mosum'', ''Übergang der Maas''her''. Maastricht liegt besonders günstig an einem Verkehrsknotenpunkt und war im Mittelalter eine Stadt mit internationalem Ansehen. Daran erinnert die St. Servaeskirche aus dem 16. Jahrhundert, und ''Onze Lieve Vrouwe''-Kirche aus dem 11. Jahrhundert.

Es gibt noch so viele andere Städte, die einen Abstecher wert sind. Zum Beispiel Leiden, Universitätsstadt seit 1575, die mit ''Rapenburg'' Europas schönsten Kanal innerhalb ihrer Stadtmauern herbergt. Oder Middelburg, mit seiner stimmungsvollen alten Innenstadt: 1940 größtenteils bombardiert, wurde sie wieder mit enormer Fachlichkeit restauriert. Das Kronjuwehl ist das Rathaus. Es wurde zwischen 1452 und 1529 errichtet durch die Familie Keldermans.

# Les Néerlandais et leurs villes

Une ville vit, respire et possède un caractère propre. Elle peut être jeune et chercher un équilibre entre une croissance impéteuse et un style propre: c'est un phénomène banal dans ce pays si dense et si petit. Mais elle peut héberger en elle la beauté de l'ancien. Parfois assoupie et vivant à l'écart du monde, jouant le rôle d'un musée soigneusement restauré où seuls les anciens remparts, le poids public et le clocher rappellent encore la grandeur d'antan. On trouve beaucoup de ce type de petites villes autour de l'IJsselmeer; il y a quelques siècles, quand c'était encore la Zuiderzee, le koff et la galiote entraient dans les ports chargés de marchandises venant de pays lointains. On y trouve des remparts d'autrefois, des fortifications qui rappellent une histoire mouvementée: Wijk près de Duurstede, Bergen op Zoom, Coevorden. Mais bien supérieur est le nombre de villes dont les quartiers, dans les périodes de croissance et de concentration de la population, laissent apparaître petit à petit un peu de l'histoire du passé. La richesse du dix-septième siècle, la rigidité et le formalisme croissant des dix-huitième et dix-neuvième, la révolution industrielle de la deuxième moitié du dix-neuvième, etc..... Les villes néerlandaises renferment beaucoup de beautés. En partie parce que l'Age d'Or de ce pays se situe dans la Renaissance tardive, à l'époque où les marchands; pas encore habitués à vivre dans le luxe, mettaient leur argent dans des choses tangibles, une maison où vivre et travailler par exemple.

On retrouve ce type de beauté dans toutes les provinces, de Veere en Zélande à Maastricht au Limbourg, de 's-Hertogenbosch (Bois-le-Duc) dans le Brabant à Groningue, "capitale" de la province Groningue.

Chaque ville mérite une visite: on retrouve partout les orgues de barbarie, les étalages des marchés devant les très sympathiques "cafés bruns" et les musées locaux qui offrent des trésors historiques d'intérêt régional et parfois national.

## Amsterdam

Bien que la ville d'Amsterdam, avec ses 750.000 habitants, soit beaucoup plus petite que New-York, Londres ou Paris, elle est quand même considérée comme l'une des grandes métropoles que quelqu'un d'un peu cosmopolite doit avoir vues au moins une fois dans sa vie. Des heures durant, il pourra se délasser en se promenant dans les rues le long des canaux, Herengracht, Keizersgracht, Prinsengracht, etc., creusés au dix-septième siècle, époque où le petit village au bord de l'Amstel fut, grâce à d'ambitieux projets d'extension, projeté dans l'histoire. Pour les marchands néerlandais ce fut le siècle d'Or. Les grandes demeures qu'ils ont alors fait construire le long des canaux, en sont le témoignage vivant. De hautes maisons majestueuses, souvent ornées de très belles façades et de décorations baroques. Elles prouvent bien que, en ce temps-là les Néerlandais, en toute autre circonstance si économes, ne regardaient pas à la dépense.

## Rotterdam

Rotterdam, le plus grand port du monde, est sur bien des points le pendant d'Amsterdam. C'est une ville "sans histoires", une ville affairée et assidue. Mais c'est aussi la ville de la vitalité, qui sut surmonter avec beaucoup de vigueur la catastrophe consécutive à la bataille du 14 mai 1940. Le vieux centre-ville de la Maasstad -autre nom de Rotterdam- fut alors détruit lors d'un bombardement allemand: une statue de Zadkine, très imposante, en commémore le souvenir. Après la guerre il fallut reconstruire complètement le centre de la ville.

Rotterdam est un lieu de pélerinage pour les connaisseurs en architecture moderne. Nulle part ailleurs il n'est possible de trouver de plus beaux exemples de ''la nouvelle concision'', un courant qui défend une manière fonctionelle de construire. On peut voir notamment la Bourse de l'Acier, le Bijenkorf (un grand magasin) de Breuer, la Gare Centrale de Ravensteijn, tandis que beaucoup plus haut dans le ciel domine l'Euromast, d'où on peut contempler une ville qui jusqu'à maintenant n'a pas craint les nouveautés, les habitations lacustres sont là pour le prouver. Mais ce qui domine tout, c'est le port qui forme une source d'animation s'étendant bien au-delà des limites de la ville de Rotterdam.

## La Haye

A l'époque où l'acquisition des Indes Orientales fit des Pays-Bas une puissance coloniale, 's-Gravenhage (autre nom de la Haye) devint le centre d'une culture indo-néerlandaise difficile à décrire. Elle resta une ''ville ouverte'', C.-À-D. une ville sans murs, presque un village à en juger par son plan; cela dura en fait jusqu'en 1811 quand Napoléon lui décerna le titre de ''bonne ville,,. Et pourtant La Haye, siège du gouvernement et coeur du système démocratique, peut se prévaloir d'un glorieux passé. Son histoire commence vers 1230, année où le comte Floris IV y construisit une habitation fortifiée. Au cours de la décennie suivante, la construction fut complétée par un Rolgebouw et une Ridderzaal. Ces deux batiments existent toujours. C'est dans la Ridderzaal que chaque année, le troisième mardi de septembre, s'ouvre l'année parlementaire lorsque la Reine prononce le discours du trône devant les deux Chambres des Etats-Généraux. Et quand le Carosse Doré parcoure les rues sous les applaudissements, la solennelle et distinguée 's-Gravenhage d'autrefois se met à revivre. C'est d'ailleurs à bien d'autres égards une ville attirante. Elle est située près de la mer du Nord et de la station balnéaire la plus célèbre des Pays-Bas: Scheveningen, elle compte 2 palais royaux et, à l'intérieur ou juste à l'extérieur des limites de la ville, des dizaines de bâtiments importants où les ambassades sont installées.

## Utrecht

Utrecht, avec ses 250.000 habitants la quatrième ville des Pays-Bas, est une ville de contrastes. A côté de l'une des plus anciennes vieilles villes, on y trouve le ''Hoog Catharijne'', un complexe ultra-moderne de bureaux et de magasins. Pour certains, c'est l'exemple même de ce qu'il ne faut pas faire, tandis que d'autres sont ravis de pouvoir combiner leurs achats à la visite de monuments.

La ville était habitée dès l'époque romaine. Des fouilles sur la place Dom ont mis à jour les fondations d'un camp romain datant de 47 après J.C.

## Les autres villes

Les Pays-Bas ne possèdent pas seulement 4 jolies villes. Prenez Maastricht par exemple, 110.000 habitants, la plus ancienne et la plus méridionale des villes des Pays-Bas. Tout comme Utrecht, c'était une colonie à l'époque romaine. En l'an 70 fut construit le premier pont sur la meuse; de là vient l'ancien nom de Trajectum ad Mosum, (traversée de la Meuse). Maastricht, particulièrement bien située à un carrefour de routes, était au Moyen-Age une ville d'allure internationale. Les églises Saint-Servais (dixième siècle) et Notre Dame (onzième) sont des souvenirs de cette époque et comptent parmi les plus belles églises romanes du Moyen-Age.

Bien d'autres villes encore méritent une visite. Leiden par exemple, ville universitaire depuis 1575, qui possède avec le Rapenburg le plus joli ''gracht'' d'Europe à l'intérieur de ses murs. Ou bien Middelburg avec sa charmante vieille ville qui fut pratiquement détruite par un bombardement en 1940, puis restaurée avec beaucoup de soin. Le plus beau monument est l'Hôtel de ville, construit entre 1452 et 1529 par la famille Keldermans.

Malgré tout Middelburg n'est pas une grande ville. Elle ne compte que 40.000 habitants. Mais une ''ville'' peut être encore plus petite. Malgré ses 600.000 habitants, la Frise, qui est par ailleurs une province typiquement campagnarde, ne compte pas moins de 11 villes, et certaines n'ont pas 1000 habitants.

# Los Holandeses y sus ciudades

La ciudad vive, respira y tiene su propio carácter. Puede ser jóven y buscar el equilibrio entre su propio estilo y su crecimiento impetuoso: una situación muy corriente en este diverso y pequeño país. Pero puede albergar también el sabor de antaño. Algunas veces parecen fugitivas y otras veces parecen sacadas de las grandes ciudades, sedes de los sucesos mundiales, funcionando como un museo cuidadosamente restaurado donde sólo las viejas murallas, el peso público y un alto campanario recuerdan la gloria de antaño. Así encontramos las ciudades a la orilla del mar Ysselmeer; muchos siglos atrás cuando aún era el Zuiderzee entraban en los puertos de estas ciudades galeotes y veleros llenos de mercancías procedentes de tierras lejanas.

Encontramos también los viejos baluartes, donde los fortines recuerdan sufridas hazañas guerreras: Wijk bij Duurstede, Bergen op Zoom, Coevorden. Pero mayor en número son las ciudades donde en los periodos de aumento y concentración de población en barrios, se puede descubrir trozo a trozo parte de la historia y de la cultura de las mismas. La riqueza del siglo diecisiete, el mayor estancamiento y ceremoniosidad del siglo dieciocho y diecinueve, la revolución industrial después de 1.850, etc. Las ciudades holandesas esconden mucha hermosura. Por una parte debido a que el florecimiento de este pais se produjo al final del Renacimiento cuando los mercaderes -que no estaban acostumbrados aún a la riqueza- invertían su capital en algo tan tangible como una casa, usada como vivienda y como lugar de trabajo.

Maastricht en Limburgo; de 's-Hertogenbosch (Bois-le-duc) en Brabante hasta la ciudad Groninga como centro de un amplio contorno.

Cada ciudad tiene su encanto propio: en todas partes se oyen los organillos, se celebran mercados semanales, se encuentran bares típicos y los museos de las ciudades nos dan una impresión de las riquezas regionales y muchas veces incluso nacionales.

## Amsterdam

A pesar de tener solo 750.000 habitantes y ser por ello mucho mas pequeña que Nueva York, Londres o París, se considera a Amsterdam como una de las grandes ciudades del mundo que toda persona con algo de sentido cosmopolita debe haber visitado al menos una vez en su vida. Durante largas horas podemos pasearnos por los canales llamados ''Herengracht'' (de los Caballeros), ''Keizersgracht'' (del Emperador), ''Prinsengracht (de los Príncipes), y todos los demás, construidos en el siglo diecisiete cuando este pueblo a la orilla del Amstel se revistió de unos ambiciosos planes de desarrollo aparejados con la ambición desarrollada en sus pobladores. Para los mercaderes holandeses se convirtió esto en su Edad de Oro. Mudos testigos de ello son las enormes casas que se construyeron en las orillas de los canales recientemente construidos. Estas altas casas tienen frecuentemente bellas fachadas y muchos adornos de tipo barroco. Con ello dejaban ver que los holandeses, tan apegados siempre a su dinero, se podían permitir estos costosos lujos.

## Rotterdam

Contraria en muchas cosas a Amsterdam, Rotterdam es la ciudad del puerto más importante del mundo. Ciudad sin pretenciones, de sentido práctico y trabajador. Pero también la ciudad de la vitalidad que con gran entusiasmo superó el golpe del 14 de mayo de 1.940. Ese día todo el centro de la ciudad fue destruido por las bombas alemanas: una impresionante escultura de Zadkine recuerda este hecho. Después de la guerra se tuvo que reconstruir el centro de la ciudad totalmente de la nada. Rotterdam es un lugar de peregrinaje para los conocedores de la arquitectura moderna. En ningún lugar se encuentran ejemplos tan claros de la corriente llamada "del sentido práctico" que fué el precedente de la arquitectura funcional. De gran importancia son los edificios de la Bolsa de Staal, el Bijenkorf (grandes almacenes) de Breuer y la estación Central Pero el dominador de toda la ciudad es sin duda su puerto, fuente enorme de animación hasta mas allá de las fronteras de la misma ciudad.

## La Haya

Cuando las colonias holandesas de la India Oriental empezaron a entregar sus riquezas a Holanda, La Haya creció hasta convertirse en el centro de una difícil de describir cultura indio-holandesa.

A pesar de ello, este centro del gobierno y corazón del parlamento democrático del país, cuenta con una gloriosa historia. Dicha historia parte del año 1.230 aproximadamente cuando el conde holandés Floris IV hizo construir una casa fortificada. Durante los decenios siguientes se acabó dicha fortificación con la construcción de los edificios llamados Rolgebouw y Ridderzaal. Ambos edificios se conservan aún hoy en día en buen estado. En el Ridderzaal es abierto cada año el tercer martes de septiembre el año parlamentario con el discurso de la corona pronunciado por la Reina en presencia de las dos Cámaras de los Estados Generales. Entonces, cuando la Carroza de Oro (Gouden Koets) es vitoreada en su recorrido por las calles de La Haya, es cuando esta ciudad vuelve a revivir su pasado.

También debemos decir que es una ciudad muy atractiva en otros diversos aspectos. Situada al lado del mar del Norte, ciudad con dos palacios reales, cerca del balneario Scheveningen y conteniendo dentro de los límites de la ciudad numerosos efificios notables que albergan las embajadas de los países con los que se mantiene relación diplomática.

## Utrecht

Utrecht, con sus 250.000 habitantes es la cuarta ciudad de Holanda y además una ciudad de contrastes. Uno de los barrios céntricos mas viejos de Holanda está al lado de un enorme y moderno centro comercial y de oficinas, el llamado Hoog Catharijne según algunas opiniones, un ejemplo de cómo no deben hacerce las cosas, y de acuerdo con otros una combinación estupenda para ir de compras y al mismo tiempo ver monumentos.

Y podemos decir que Utrecht tiene monumentos. Fué habitada ya en tiempos romanos. Excavaciones realizadas en la plaza Domplein han puesto al descubierto los fundamentos de un campamento romano que datan del año 47. Dos piedras del empedrado pavimiento recuerdan aún la puerta de entrada

## Otras ciudades

Holanda tiene además de estas cuatro grandes ciudades otras muchas y muy bonitas. Tomemos por ejemplo Maastricht, con 110.000 habitantes la más antigua y meridional de las ciudades holandesas. Al igual que Utrecht fué ya un campamento en la época de los romanos. Ya en el año 70 se construyó un puente sobre el Mosa (de ahí el viejo nombre de Trajectum ad Mosum, paso sobre el Mosa). Maastricht, situada en un emplace muy favorable como cruce de caminos, tuvo un gran nivel internacional durante la Edad Media. El conocido Helpoort, la torre más vieja que se conoce en Holanda, el puente Sint Servaes que data del 1.280 y muchas casas y edificios construidos en el siglo diecisiete y dieciocho, atráen anualmente a numerosos turistas e históricos a esta ciudad. Hay aún otras muchas ciudades que merecen la pena de visitar. Leiden por ejemplo ciudad universitaria desde 1.575 y que junto con Rapenburg posée los canales, dentro de los muros de la ciudad, considerados como los más bonitos de Europa. Podemos citar también Middelburg con su viejo centro, totalmente destruido por los bombardeos en 1.940 y expertamente reconstruido. Su mejor joya es el ayuntamiento, construido entre 1.452 y 1.529 por la familia Keldermans. Se trata de un edificio de estilo gótico tardío con muchos adornos que dá testimonio del buen gusto y del orgullo ciudadano durante el siglo dieciseis.

Hay aún ciudades mas pequeñas. Frisia, una tipica provincia campesina, cuenta con 600.000 habitantes y tiene unas once ciudades algunas de las cuales no tienen mas de 1.000 habitantes.

# Gli olandesi e le loro città

Una città vive, respira e ha un carattere tutto suo. Può essere giovane e cercare un equilibrio tra crescita impetuosa e stile, cosa piuttosto comune in questo piccolo e popoloso Paese, ma in essa può anche celarsi la bellezza di ciò che è antico. Tranquille e a volte lontane dai grandi avvenimenti che cambiano il mondo, funzionali come musei restaurati con cura in cui solo i vecchi baluardi e gli alti campanili delle chiese ricordano la grandezza passata, le cittadine formano una cintura intorno all'IJsselmeer; quando esso si chiamava ancora Zuiderzee, molti secoli fa, le antiche imbarcazioni solcavano le loro acque trasportando merci provenienti da Paesi lontani.

Vi sono i tipici bastioni di una volta, le cui fortificazioni fanno pensare ad un movimentato passato militare: Wijk bij Duurstede, Bergen op Zoom, Coevorden. Ma in numero ancora maggiore sono le città in cui, nei periodi di esplosione demografica, i quartieri lasciano intravedere poco a poco la loro storia culturale: la ricchezza del diciassettesimo secolo, il progressivo irrigidimento e il formalismo dei secoli diciottesimo e diciannovesimo, la rivoluzione industriale dopo il 1850 e così via.

Nelle città olandesi vi sono molte cose interessanti da vedere, in parte grazie al fatto che il periodo di fioritura del Paese coincise con il tardo Rinascimento. In tale epoca i commercianti, non ancora abituati alla vita sfarzosa, investivano il loro denaro in beni solidi e tangibili quali grandi case in cui abitare e lavorare. Vi è del bello in tutte le province, da Veere nella Zelanda a Maastricht nel Limburgo, da 's-Hertogenbosch nel Brabante alla città di Groninga nell'omonima provincia.

Vale la pena visitare ogni città poiché ovunque si suona l'organetto di Barberia e vi sono venditori del mercato che chiacchierano di fronte al simpatico caffè, e tutti i musei locali consentono di vedere importanti tesori storici regionali e spesso nazionali.

## Amsterdam

Per quanto con i suoi 750.000 abitanti sia molto più piccola di New York, Londra e Parigi, Amsterdam viene generalmente considerata una delle grandi metropoli che bisogna aver visto almeno una volta nella vita se si hanno pretese di cosmopolitismo. Si può piacevolmente passeggiare per ore lungo l'Herengracht, il Keizersgracht, il Prinsengracht e gli altri canali, scavati nel corso del diciassettesimo secolo in cui il piccolo villaggio sulle rive dell'Amstel divenne una città vera e propria grazie all'ambizioso piano regolatore di allora. Per i commercianti olandesi, questo fu il Secolo d'oro. Le grandi case signorili che fecero costruire sulla rete di canali allora appena tracciata ricordano ancora oggi tale periodo; si tratta di alti e maestosi edifici dalle bellissime facciate e ornati di decorazioni barocche che dimostrano come gli altrimenti parsimoniosi olandesi non badassero a spese quando si trattava di erigere le proprie abitazioni.

## Rotterdam

Per molti aspetti l'esatto opposto di Amsterdam è Rotterdam, che vanta il porto più importante d'Europa. E' una città senza grilli per la testa, pratica e impegnata ma anche vitale, qualità dimostrata in occasione del brutto colpo subito il 14 maggio 1940 dal quale ha saputo riprendersi molto rapidamente. All'epoca, il vecchio cuore della città sulla Mosa venne distrutto da un bombardamento tedesco, ricordato da un'imponente scultura di Zadkine. Dopo la guerra, il centro della città dovette essere interamente ricostruito.

In nessun'altra città si possono trovare tali esempi di "nuova praticità", la corrente che sostenne un nuovo e funzionale stile architettonico. Valgono la pena di essere visitati la Borsa di Staal, il Bijenkorf (grande magazzino) di Breuer e la Stazione Centrale di Ravensteyn. In cima all'Euromast, poi, si gode la vista di una città che non ha mai temuto le innovazioni.

Ciò che predomina sulla vita cittadina è comunque sempre il porto, famoso ben oltre i confini del comune di Rotterdam.

## L'Aia (Den Haag)

Quando l'Indonesia era una fonte di ricchezza per il regno coloniale d'Olanda, 's-Gravenhage si sviluppò sino a diventare il centro di una nuova e indescrivibile cultura, frutto dell'incontro tra gli usi e i costumi olandesi e quelli indonesiani. Essa rimase una città piuttosto aperta, quasi un villaggio, e si dovette attendere sino al 1811 prima che Napoleone le conferisse il titolo di "città". Eppure questo centro in cui ha sede il governo e che rappresenta il cuore della vita parlamentare e democratica ha una storia gloriosa alle spalle, iniziata intorno al 1230 quando il conte olandese Floris IV vi costruì una fortezza. Nei decenni che seguirono, essa venne completata con la costruzione del Rolgebouw e della Ridderzaal (sala dei cavalieri). Entrambi gli edifici esistono tuttora. Nella Ridderzaal ogni anno, il terzo martedì di settembre, si riapre l'attività parlamentare con il discorso della corona, tenuto dalla regina di fronte alle due Camere degli Stati Generali. In seguito, quando la carrozza reale percorre le strade della città tra il giubilo della folla, sembra di rivivere i gloriosi tempi passati. 's-Gravenhage è una città molto interessante anche sotto altri aspetti. Situata nei pressi del Mare del Nord, ospita ben due palazzi reali, e a breve distanza da essa vi è la più famosa stazione balneare dell'Olanda, Scheveningen. Dentro e fuori dei confini comunali vi sono decine di edifici signorili adibiti ad ambasciate. E' piuttosto logico che in questa città si trovi anche il Vredespaleis (Palazzo della pace), lo splendido simbolo del desiderio di conciliazione tra tutte le nazioni nonostante il quale, però, non si sono potuti evitare gravi conflitti internazionali.

## Utrecht

Utrecht, il quarto agglomerato urbano olandese grazie ai suoi duecentocinquantamila abitanti, è una città di contrasti. Uno dei più antichi nuclei cittadini confina con il grande e modernissimo centro commerciale Hoog Catharijne, e la coesistenza di vecchio e nuovo, la presenza dei negozi accanto ai monumenti è per alcuni

un esempio da non seguire mentre è molto apprezzata da altri. E Utrecht è indubbiamente una città ricca di monumenti.

Il luogo in cui ora si trova la città era già abitato durante l'epoca romana. Dagli scavi effettuati sulla piazza della Cattedrale sono venute alla luce le fondamenta di un accampamento militare costruito nel 47 d.C., riconoscibile da due pietre del selciato che contraddistinguono quelle che una volta erano le porte d'ingresso del castellum.

Vi è un monumento che spicca sugli altri per altezza e importanza, ossia il campanile della Cattedrale; la sua costruzione iniziò nel 1321, mentre i lavori per la chiesa vera e propria vennero avviati nel 1254.

## Altre città

Oltre le quattro già citate, in Olanda vi sono molte altre belle città; una di esse è Maastricht, che conta 110.000 abitanti ed è la più antica e la più a sud di tutte. Come Utrecht, era un insediamento urbano già nell'epoca romana. Nell'anno 70 venne costruito un ponte sulla Mosa (da cui deriva l'antico nome Trajectum ad Mosum, ossia passaggio sulla Mosa). Maastricht, situata in modo particolarmente favorevole all'incrocio di importanti vie, fu nel medioevo una città di importanza internazionale; a testimoniare ciò sono rimaste le chiese di Santa Serva, costruita nel decimo secolo, e quella dedicata alla Madonna, dell'undicesimo.

Vale comunque la pena di visitare anche molti altri piccoli centri, ad esempio Leida, città universitaria sin dal 1575, che con il Rapenburg dispone del più bel canale cittadino di tutta Europa, oppure Middelburg, con il suo splendido centro antico che venne quasi raso al suolo da un bombardamento nel 1940 ma fu restaurato con estrema perizia. Il suo gioiello è rappresentato dal palazzo municipale, costruito fra il 1452 e il 1529 dalla famiglia Keldermans. Si tratta di un edificio del tardo Gotico ornato con molteplici decorazioni che testimonia ancora il buon gusto e l'orgoglio cittadino tipici del sedicesimo secolo. Middelburg conta appena 40.000 abitanti, ma vi sono città ancora più piccole. In Frisia, una tipica provincia contadina con 600.000 abitanti, ve ne sono appena undici, alcune delle quali hanno una popolazione che non supera i 1000 residenti. Tali piccoli centri si differenziano dai villaggi per il fatto che nel medioevo hanno ottenuto le franchigie comunali e viene accordata loro, nonostante le dimensioni ridotte, l'importanza attribuita alle città vere e proprie. Sloten e Hindeloopen sono state completamente restaurate e sono da considerare delle vere e proprie città-monumento.

# オランダ人と都市

街は生き、息づき、独自の性格を持っている。街が若いならば、激しい成長と独自のスタイルの間でバランスを捜し求めていく。これはこの民に富んだ小国でよく見出される現象である。しかし街は過去の美しさを、自れの中に秘めていることもできる。時に静まりかえり、大きな世界の出来事から遠ざかり、慎重に修復された博物館として機能を果たしている。そこではただ古い城壁や計量所や高い教会の塔だけが、昔の威光を偲ばせている。そのように、小さい町々がIJssel湖の周りに帯のように立っている。これがまだ Zuiderzee であった何世紀も前には、ここをコフやハリョートの帆船が、遠い異国の地の品物と共に帆走していた。

昔の典型的な要塞都市 Wijk bij Duurstede、Bergen op Zoom、Coevorden では防備施設が絶え間ない戦闘の歴史を彷彿させる。しかしそれ以外にも多くの都市があり、そこでは人口の増加や、人口の集中化の時代に築かれた地域が、文化歴史の年輪を一層一層見せている。17世紀の栄華、18世紀・19世紀の次第に度を増していく厳格さや形式尊重、1850年後の産業革命など。

オランダの都市は多くの美しい物を持っている。この国の繁栄期がちょうどルネッサンス後期にあたり、商人達はまだ贅沢な生活に慣れていず、なにか実質的な物、例えば住むための又は働くための建物に、投資したからである。オランダの美しさは、全ての州で見ることが出来る。Zeeland の Veere からLimburg の Maastricht に至まで、Brabant の's-Hertogenboschから広大な田園地方の中心地であるGroningen 市に至まで。

いかなる都市も訪れる価値がある。ストリートオルガンはあちらこちらで音楽を奏で、陽気で古風なコーヒー屋さんの前には市が立ち、地方の博物館では地域の又は国の重要な歴史的宝庫品に感銘させられる。

## Amsterdam

人口75万人とニューヨーク、ロンドン、パリと比較すれば随分小さい。にもかかわらず Amsterdam は世界の大都市の一つと見られている。コスモポリタンならば一生に一度は見るべき都市である。何時間でも Herengracht、Keizersgracht、Prinsengracht 等の運河を散策して楽しむことが出来る。アムステルダムの運河は17世紀に掘られた。当時Amstel川岸の村が、意欲的な計画により絶えまなく発展し続けた。この時代はオランダの商人にとって黄金時代であった。掘られたばかりの運河沿いにその当時建てられた豪壮な邸宅は、その時代を物語っている。高く荘厳な建物は多くの場合鮮麗された正面を持ち、バロック式に装飾されている。

## Rotterdam

世界で一番重要な港湾都市 Rotterdamはあらゆる点で Amsterdamと対照をなしている。気位が高くなくビジネス的で勤勉な都市。しかし活気に満ち1940年 5月14日の爆撃も市民の鋭気により打ち勝ってきた。その時 Maasstad(Rotterdam の別名)の全旧市街はドイツの爆撃によって崩壊された。印象的な Zadkineの像がそれを偲ばせている。戦後、街の中心地は徹底的に再建されなければならなかった。Rotterdam は近代建築の専門家にとって聖地である。

何処にも、それ程多くの機能主義に基づいた建築方を提唱するニューリアリズムの美しい模範が見らる所はない。非常に一見の価値がある建物は、Staal のBeurs、Breuerの Bijenkorf（デパート）Ravesteyn の Rotterdam中央駅である。その上方を Euromast の頂上がそびえている。そこから眺めれば、絶え間なく再建の努力をしている街の様子がうかがえる。圧倒的であるものは世界最大の港である。

## Den Haag

オランダの植民地であったインドネシアが植民地

の富をオランダに渡していた時、's-Gravenhage は一言では語り尽くせないほど、オランダ・インドネシア文化の中心にまで発展した。村のような装いを持ち、ゆとりのある都市であった。実際それは、ナポレオンがお返しをする為に Den Haag に称号'良き都市'を授けた1811年まで続いた。

しかしこの政治の中心であり民主主義の要の地でもある Den Haag も名高い歴史を持っている。それはHolland の伯爵 Floris 四世が頑丈な邸宅を建てた1230年頃に始まる。その後数10年かけ建築は司法裁判所と騎士の間と共に完了された。この二つの建物は今も残っている。騎士の間にて毎年九月の第三火曜日に女王が上院・下院に議会開院式の勅語を読まれ、国会が開催される。Den Haag はその他の点からも非常に興味深い街である。北海の近くに位置し、二つの王宮があり、オランダで有名な海のリゾート地 Scheveningen を控え、市の境界線付近には屈指の邸宅があり、ここに多くの友好国や強国の大使館が構えている。この地に全ての国の偉大な平和の象徴である平和宮があるのは当然であろう。

## Utrecht

25万人の人口により、オランダ第 4の都市である Utrecht は対照の街である。最も古い市街地の一つは、最も近代的なショッピング・オフィースセンター Hoog Catharijneと隣合って並んでいる。これは一部の人にはそうであるべきでは無いと言う一例であり、又他の人にはショッピングと遺跡観賞を同時に堪能できる例である。Utrecht には沢山の文化史跡がある。
ここはローマ帝政時代すでに人々が住んでいた。Dom 広場発掘により西暦47年に建てられた軍隊宿舎の下部構造が発見された。石畳の二つの石が砦

の通用口を偲ばせている。一遺跡が高さと貫禄で全てからぬきんでている。1321年に建設が始められたDom 塔である。

## 他の都市

オランダにはこの 4大都市以外にも、まだまだ沢山の都市の美しさを持っている都市がある。Maastrichtを挙げてみよう。人口11万人のオランダで一番古く一番南にある都市である。Utrecht と同様ローマ帝政時代に築かれた。西暦70年にはすでに Maas 川に橋が掛けられた（そこから街の旧名 Trajectum ad Mosum 、Maas渡河点がきている）。非常に理想的な商交通路の交差点に位置していることより、中世には国際的雰囲気を備えた都市であった。10世紀の教会Sint Servaeskerkや11世紀の教会 Onze Lieve Vrouwkerk がその栄華をとどめている。

他の多くの都市も一見の価値がある。例えば1575年以来大学の町である Leiden には街の城壁内にヨーロッパで一番華麗な運河 Rapenburgがある。又は、魅力的な古い市街を持つMiddelburg。珠玉の市庁舎は Keldermans 家により1452年から1529年にかけて建てられた。装飾の多い後期ゴシック建築は、16世紀の上品さと民衆の誇りを如実にあらわしている。Middelburgは大きな街では無い。人口は僅か 4万人である。もっと小さい都市もある。典型的な田園地帯の州である Frieslandは60万の人口であるが、少なくとも11の都市は千人にも満たない。中世に都市の権利を得たことより、村と区別している。これらの小都市は小さな規模にもかかわらず、今も尚充分都市の雰囲気を保持している。SlotenとHindeloopen では全ての家が修復され一大遺跡を形づくっている。

Centraal Station, Amsterdam

Central-Station, Amsterdam

Zentral-Bahnhof, Amsterdam

La Gare Centrale, Amsterdam

Amsterdam, la Centraal Station

La Stazione Centrale, Amsterdam

中央駅、Amsterdam

Het Damrak, centrum Amsterdam

Damrak, centre of Amsterdam

Dam, Amsterdam Stadtmitte

Le Damrak, au centre d'Amsterdam

Amsterdam, el Damrak

Il Damrak, nel centro di Amsterdam

Damrak通り、Amsterdam の中心

Rondvaartboot voor de Munttoren

Circular trip-boat, in front of Mint-tower

Rundfahrt-Boot vor dem Münze-Turm

Un bateau de promenade devant la Tour de la Monnaie

Un barco de excursión delante de la torre Munttoren

Un'imbarcazione turistica di fronte alla Torre della Zecca

Munttoren の前を通る遊覧船

*Een mooi platbodemschip op een Amsterdamse gracht*

*A nice flat-bottomed vessel in a canal in Amsterdam*

*Ein schönes Plattbodenschiff in einer Amsterdamer Gracht*

*Une belle barge dans un canal d'Amsterdam*

*Un bonito barco de quilla plana en un canal de Amsterdam*

*Una bella chiatta su di un canale di Amsterdam*

見事な平底船、Amsterdamの運河にて

*De Amsterdamse grachten liggen vol ludieke woonschepen*

*The canals in Amsterdam are full of ludicrous house-boats*

*In den Grachten von Amsterdam liegen zahlreiche bunte Wohnboote*

*Les canaux d'Amsterdam sont pleins de bâteaux-logement originaux*

*Los canales de Amsterdam están llenos de excéntricos barcos viviendas*

*Sui canali di Amsterdam si vedono molti originali battelli-abitazione*

Amsterdam の運河には沢山の滑稽な住居用船がある

De Dam in Amsterdam. Nationaal monument dat herinnert aan de gruwelen van de Tweede Wereldoorlog. Het monument, een ontwerp van John Raedeker, werd in 1956 onthuld

The Dam in Amsterdam. The National Monument reminds us of the horrors of the Second World War. The monument, designed by John Raedeker, was unveiled in 1956

Der Dam in Amsterdam. Das Nationaldenkmal, das an die Schrecken des zweiten Weltkriegs erinnert. Dieses Monument, nach einem Entwurf von John Raedeker, wurde 1956 enthüllt

Le Dam à Amsterdam. Le monumental National nous rappellent les atrocités de la Deuxième Guerre Mondiale. Ce monument, qui fut conçu par John Raedeker, fut inauguré en 1956

La Plaza del Dam en Amsterdam. Monumento nacional que recuerda los horrores de la Segunda Guerra Mundial. Este monumento, diseño de John Raedeker, fue inagurado en 1956

Piazza Dam ad Amsterdam. Monumento nazionale che ricorda le atrocità della seconda guerra mondiale. Progettato da John Raedeker, venne inaugurato nel 1956

Dam 広場 Amsterdamにて。国立記念碑は第二次世界大戦の悲惨さを思わせる。John Raedeker の制作である記念碑は1956年に除幕式が行なわれた。

*De Munttoren. De vijftiende eeuwse toren vormde onderdeel van een van de eerste uitbreidingen van de stad*

*The 'Munttoren'. The fifteenthe century tower formed part of one of the first extensions of the town*

*Der 'Munttoren'. Der aus dem 15. Jahrhundert stammende Turm, war Teil einer der ersten Stadterweiterungen*

*La tour. Cette tour du 15e siècle fait partie de l'un des premiers plan d'extension de la ville*

*Las torres de la muralla. Las torres del siglo quince forman parte de la primera expansión de la ciudad*

*La Torre della Zecca. Questa torre del quindicesimo secolo fu costruita durante uno dei primi ampliamenti della città*

*Munttoren 、15世紀の塔は街の拡張初期の一部をなした*

*Avond langs de Amsterdamse grachten*

*Evening along the canals in Amsterdam*

*Abends an den Amsterdamer Grachten*

*Le soir le long des canaux d'Amsterdam*

*La noche de los canales de Amsterdam*

*La sera lungo i canali di Amsterdam*

*Amsterdam の運河沿いの夜*

Typisch Amsterdams: grachtenpanden. Statige huizen uit vroegere eeuwen, het bouwkundig erfgoed uit vroegere tijd

Typical of Amsterdam: canal houses. Solemn houses from past centuries, the architectural inheritance of the past

Typisch für Amsterdam: Grachtenhäuser. Würdevolle häuser aus vergangenen Jahrhunderten; das baukundliche Erbe der Vergangenheit

Typiquement amstellodamois: les édifices le long des canaux. De majestueuses demevres, héritage architectural du passé

Típico de Amsterdam: las casas de los canales. Majestuosos edificios de siglos pasados, la herencia arquitectónica de dicho tiempo

Tipiche di Amsterdam: le abitazioni che si affacciano sui canali. Edifici maestosi dei secoli scorsi, l'eredità architettonica del passato

Amsterdam の典型的な風物：運河住宅。数世紀前からの荘厳な住宅；過去の建築遺産

Aansluitend bij de authentieke bebouwing van Amsterdam, het in de jaren zeventig gerealiseerde hoofdkantoor van een internationale bankinstelling

Linked to the authentic buildings of Amsterdam, the headoffice of an international banking company, built in the seventies

Der in den 70er Jahren fertiggestellte Hauptgeschäftssitz eines internationalen Bankinstituts, angepasst an die ursprüngliche Bebauung Amsterdams

S'accordant avec les authentiques constructions d'Amsterdam, le siège d'une banque internationale

Enlazando con la auténtica construcción de Amsterdam, la oficina principal de una empresa bancaria internacional construida en los años setenta

In armonia con gli antichi edifici di Amsterdam, la sede centrale di una banca internazionale costruita negli anni Settanta

Amsterdam の正統的な建物に調和して、70年代に完成された国際的な銀行の本社

Het Koninklijk Paleis op de Dam in Amsterdam heeft een rijke geschiedenis. Gebouwd in de welvarende 17e eeuw als stadhuis is het tegenwoordig in gebruik als paleis voor officiële gebeurtenissen. Zo vinden huwelijken van het Nederlands Koningshuis plaats vanuit dit paleis

*The Royal Palace on the Dam in Amsterdam has a rich history. Built during the prosperous seventeenth century as a town hall it is now in use as a palace for official occasions. Weddings of the Dutch royal family take place in this palace*

*Der königliche Palast auf dem Dam in Amsterdam besitzt eine reichhaltige Geschichte. Im blühenden 17. Jahrhundert als Rathaus erbaut, wird es heutzutage für offizielle Gelegenheiten benutzt. So zum Beispiel, finden hier die Hochzeitszeremonielle des niederländischen Köningshauses statt*

*Le Palais Royal sur le Dam à Amsterdam a une riche histoire, construit au Siècle d'Or et utilisé alors comme hotel de ville, il sert aujourd'hui pour les cérémonies officielles. C'est là par exemple que se déroulent les mariages au sein de la famille royale*

*El Palacio Real en la plaza del Dam en Amsterdam tiene una variada historia. Construído como ayuntamiento durante el próspero siglo diecisiete, se usa actualmente como Palacia para determinado actos oficiales. Los matrimonios de la Casa Real holandesa, por ejemplo, salen siempre de este Palacio*

*Il Palazzo Reale su piazza Dam ad Amsterdam ha una storia interessante. Costruito nel Secolo d'oro come municipio, oggi viene utilizzato per le cerimonie ufficiali. E' da qui, ad esempio, che partono i cortei per i matrimoni della Casa Reale olandese*

*Amsterdam の Dam 広場にある宮殿は多くの歴史を持っている。繁栄期の17世紀に市役所として建てられたが現在は正式な式典の際の宮殿として使用されている。オランダ皇室の婚礼はこの宮殿から行なわれる。*

*Amsterdam, hoofdstad van Nederland, leeft vierentwintig uur per dag*

*Amsterdam, capital of the Netherlands, active twenty four hours a day*

*Amsterdam, Hauptstadt der Niederlande, 24 Stunden am Tag geöffnet*

*Amsterdam, la capitale des Pays-Bas, est animée vingt-quatre heures par jour*

*Amsterdam, capital de Holanda, vive las veinticuatro horas del día*

*Amsterdam, la capitale dell'Olanda, è animata ventiquattr'ore su ventiquattro*

*Amsterdam、オランダの首都、は 1日24時間行動している*

De verkeerstoren van Schiphol, de nationale luchthaven

The control-tower of Schiphol, the national airport

Der Kontrollturm von Schiphol, dem nationalen Flughafen

La tour de contrôle de la circulation aérienne à Schiphol, l'aéroport national

La torre de control de Schiphol, el aeropuerto nacional

La torre di controllo di Schiphol, l'aeroporto nazionale

Schipholの管制塔、国際空港

Een van de woonschepen die een ligplaats heeft in de Amsterdamse grachten

One of the house boats which moors in one of the 2400 canals of Amsterdam

Eines der Wohnboote, das einen Liegeplats hat in den 2400 Amsterdammer Grachten

Une péniche d'habitation ancrée dans un des 2400 canaux d'Amsterdam

Una barcaza-vivienda que tiene su amarradero en uno de los 2400 canales de Amsterdam

Uno dei tanti battelli-abitazione sui canali di Amsterdam

Amsterdam の運河に定置している住居用船

Het Amsterdamse concertgebouw. Fraai, maar qua interieur aan verval onderhevig. Het wordt daarom nu gerestaureerd na een actie waarbij miljoenen guldens werden ingezameld

The concert building of Amsterdam. Beautiful, but the interior has fallen into decay. It is now being restored after an appeal whereby millions of guilders were raised

Das Amsterdammer Konzertgebäude. Schön, aber von der Inneneinrichtung her dem Verfall ausgesetzt. Heute wird es restauriert nach einer Aktion, wobei Millionen Gulden eingesammelt werden

Le bâtiment de concert d'Amsterdam. Est trés beau, mais l'intérieur est exposé au délabrement. C'est pourquoi on le restaure maintenant, après une action qui a rapporté plusieurs millions de florins.

La sala de conciertos de Amsterdam. Hermoso, pero su interior en peligro de ruina. Y después de una campaña en la que se recogieron varios millones

Il Concertgebouw di Amsterdam. E' un edificio molto bello ora in fase di restauro, operazione finanziata con i milioni di fiorini raccolti in seguito ad un'iniziativa pubblica

Amsterdam のコンサートホール。壮麗であるが内装が朽ちてきた。その為修復されなければならずその訴えに何百万ギルダーが集められた。今はその修復事業も終了した

'De verwoeste stad', Zadkine's monument voor het zwaar gebombardeerde Rotterdam. Op de puinhopen van W.O.II is inmiddels kolossale nieuwbouw herrezen

'City without a Heart' – Zadkine's monument for the heavily bombed city of
Rotterdam. On the ruins of World War II, huge highrise buildings have gone up

'Die verwüste Stadt', Zadkine's Denkmal für das schwer zerstörte Rotterdam.
Aus den Trümmerhaufen des Zweiten Weltkriegs sind mittlerweile riesige Neu-
bauten entstanden

'La ville dévastée', monument de Zadkine pour la ville de Rotterdam, terriblement
bombardée. Sur les ruines de la deuxième Guerre Mondiale s'est élevé un ensemble
colossal de constructions modernes

'La ciudad destruida' es el monumento de Zadkineis que recuerda el terrible bombardamento de Rotterdam. De los escombros de la Segunda Guerra Mundial han
surgido nuevos y colosales edificios

"La città devastata", il monumento di Zadkine che ricorda il terribile
bombardamento di Rotterdam. Sulle rovine della seconda guerra mondiale sono stati nel frattempo costruiti degli edifici moderni e imponenti

'崩壊された街', ひどく爆撃を受けたRotterdam への Zadkineの記念碑
第二次世界大戦の焼け跡の上に今では巨大な新建造物が建った。

De Euromast, beeldbepalend voor Rotterdam, biedt een schitterend uitzicht over
's werelds grootste haven

The Euromast, marking Rotterdam's skyline, offers a splendid view of the biggest
port in the world

Der Euromast, Wahrzeichen von Rotterdam, bietet eine wunderbare Aussicht auf
den größten Hafen der Welt

L'Euromast, image typique de Rotterdam, offre un superbe panorama sur le plus
grand port du monde

El Euromast, imagen característica de Rotterdam, ofrece una vista incomparable
sobre el puerto mayor del mundo

L'Euromast, che si staglia contro l'orizzonte di Rotterdam, offre una vista favolosa su uno dei più grandi porti del mondo

Rotterdam のイメージを決めている Euromast は、世界最大の港の爽快な
眺めを提供してくれる

Utrecht. Het centrum van Nederland, gedomineerd door de Dom-toren, de hoogste
toren van Nederland

Utrecht. The centre of the Netherlands, dominated by the Dom tower, which is the
highest tower in the Netherlands

Utrecht. Das Zentrum der Niederlände, überschattet durch den Domturm, der
höchste Turm der Niederlande

Utrecht. Le centre des Pays-Bas, que domine la Dom-toren, la plus haute tour des
Pays-Bas

Utrecht. El centro de Holanda, dominado por la torre del Dom que es la más alta
del país

Utrecht. Il centro del Paese dominato dal campanile della Cattedrale, il
più alto d'Olanda.

オランダの中心 Utrecht。Dom 塔がそびえている、オランダで一番高い塔

Oude stadsmuren bestaan in het huidige Nederland niet veel meer. Deze waterpoort in het Friese Sneek vormde vroeger onderdeel van de stadsverdediging. Het is een van de gaafste poortgebouwen die Nederland telt

Old city walls hardly exist in the present day Netherlands. This water gate in Sneek (Friesland) used to be part of the city's defence. It is one of the soundest gate buildings in the Netherlands

Uralte Stadtmauern sind kaum noch in der heutigen Niederlande vorhanden. Dieses Wassertor im friesischen Sneek, war früher Teil der Stadtbefestigungsanlagen. Es ist eines der am besten erhaltenen Torgebäude die die Niederlande zählt

Il n'existe plus beaucoup de murs de ville aux Pays-Bas. Cette écluse fortifiée à Sneek (Frise) faisait autrefois partie des fortifications de la ville. C'est l'une des plus complètes que l'on puisse trouver aux Pays Bas

Los viejos muros de las ciudades se encuentran ya escasamente en la Holanda actual. Esta puerta-puente formaba antiguamente parte de los muros de defensa de Sneek (Frisia). Es una de las pocas puertas en su clase que se conservan en Holanda

In Olanda non vi sono più molte antiche mura cittadine. Questa chiusa fortificata a Sneek, in Frisia, faceva parte del sistema di difesa della città. Si tratta di una delle chiuse fortificate tra le più integre del Paese

現代のオランダに古い都市の城壁はあまり多く残っていない。Friesland のSneek にある水門は都市防衛の一部をなしていた。これはオランダで完全に残っている城門の一つである

Het centrum van de Nederlandse politiek: het Binnenhof in Den Haag. In het grote gebouw – in de vijftiende eeuw als jachtslot gebouwd – wordt elk jaar de begroting bekend gemaakt

The centre of Dutch politics: the Binnenhof in The Hague. In the large building, built in the fifteenth century as a huntinglodge, the budget is announced every year

Der Mittelpunkt niederländischer Politik. Der 'Binnenhof' in Den Haag. Im grossen Gebäude – im 15. Jahrhundert als Jagdschloss erbaut – wird jedes Jahr der Staatetat veröffentlicht

Le centre politique des Pays Bas: la Binnenhof à La Haye. C'est dans le grand batiment – un palais de chasse du 15e siècle – qu est publié chaque année le budget de l'état

El centro de la política holandesa: el Binnenhof en La Haya. En el gran edificio central – construido en el siglo quince como palacio de caza – se da a conocer el presupuesto anual del Gobierno. A la izquierda y derecha se encuetram la 1a y 2a Cámara del Parlamento

Il centro della vita politica olandese: il Binnenhof all'Aia. Nel grande edificio, costruito come casino di caccia nel quindicesinmo secolo, ogni anno viene reso noto il bilancio preventivo statale.

オランダの政治の中心：Den Haagにある Binnenhof。15世紀に狩猟別荘として建てられた大邸宅の中で毎年国家予算が発表される

Middelburg, hoofdstad van Zeeland, is een plaats met een rijk verleden. In dit monumentale pand is het politiecorps ondergebracht

Middelburg capital of Zealand, is a place with a rich past. This monumental building is now used by the police

Middelburg, Hauptstadt der Provinz Zeeland ist ein Ort mit reichhaltiger Vergangenheit. In diesem monumentalen Gebäude ist das Polizeiamt untergebracht

Middelburg, capitale de la Zélande, est une ville doté d'un riche passé. Ce monumental édifice est le siège de la police

Middelburg, la capital de Zeelanda, es un lugar con un rico pasado. Este edificio monumental alberga la sede de la policía de la ciudad

Middelburg, capoluogo della Zelanda, ha un ricco passato. Questo edificio monumentale è ora sede del corpo di polizia

Middelburg、Zeeland の首都、は華やかな過去を持っている地である。この文化財的建物は警察署として使われている

De St. Janskerk in 's-Hertogenbosch. Een van de mooiste gotische kerkgebouwen in Nederland

The St. Janschurch in 's-Hertogenbosch. One of the most beautiful Gothic church buildings in the Netherlands

Die St. Janskirche in 's-Hertogenbosch. Sie ist eine der schönsten gotischen Kirchengebäude der Niederlande

L'église St. Jean à 's-Hertogenbosch. Une des plus belles église gothiques des Pays-Bas

La iglesia St. Jans en Bolduque. Una de las iglesias góticas mas bonita de Holande

La chiesa di Sán Giovanni a 's-Hertogenbosch. Si tratta di una delle più belle chiese gotiche d'Olanda

's-Hertogenboschにある St. Janskerk。オランダにあるもっとも華麗なゴチック教会建築の一つである

Klok- en trapgevels sieren de Amsterdamse grachtenpanden. De stoere pakhuizen van weleer herbergen nu woningen, ateliers en kantoren

Bell-shaped gables and stepped gables adorn the tall merchant's houses facing the Amsterdam canals. The sturdy, one-time warehouses now accomodate private homes, studios and offices

Glocken- und Treppengiebel zieren die amsterdammer Grachtenhäuser. Solide Lagerhäuser aus damaliger Zeit, heutzutage Wohnungen, Ateliers und Geschäftsräume

Pignons en voûte et à redents ornent, à Amsterdam, les maisons en bordure de canal. Les robustus entrepôts d'autrefois abritent à présent des habitations, des ateliers et des bureaux

Fachadas escalonadas y acampanadas adornan los edificios de los canales de Amsterdam. Los robustos almacenes de entonces albergan ahora viviendas, talleres y oficinas

Facciate a campana e a scala ornano gli edifici sui canali di Amsterdam. I capaci magazzini di una volta vengono ora utilizzati come abita zioni, studi e uffici

鐘形の切り妻壁や階段形の切り妻壁がAmsterdam の運河建築を飾っている 以前の倉庫は今や住居やアトリエやオフィースとなっている

*De avond valt in Amsterdam. Het bruisende nachtleven kan beginnen*

*The day is drawing to a close. Amsterdam's roaring night-life is about to begin*

*Abenddämmerung in Amsterdam: Das brausende Nachtleben kann beginnen*

*Le soir tombe à Amsterdam. L'animation de la vie nocture peut commencer*

*Anochece en Amsterdam. La efervescente vida nocturna está a punto de empezar*

*Si fa sera ad Amsterdam. Può cominciare l'animata vita notturna*

Amsterdam に夕闇がたれこめる。活気のあるナイトライフの始まりである

| | |
|---|---|
| *Bij het bloemenstalletje* | *De wereldberoemde 'Passage' in de residentie* |
| *At the flower stall* | *The famous 'Passage' in the royal residence* |
| *Am Blumenstand* | *Die weltberühmte Passage in der Residenz* |
| *A l'echoppe de fleurs* | *Le fameux 'Passage' à la résidence* |
| *En el puesto de flores* | *La Haya, el 'Passage' de fama mundial* |
| *Presso una bancarella di fiori* | *Il famoso "Passage" all'Aia* |
| 花の売店にて | 有名な'Passage' 政治都市にて |

*Zomer langs de Noordzeekust: het beroemde Kurhaus in Scheveningen*

*Summer along the North Sea coast: the famous Kurhaus in Scheveningen*

*Sommer an der Nordseeküste: das berühmte Kurhaus in Scheveningen*

*L'éte le long de la côte de la mer du Nord: le fameux Kurhaus de Scheveningen*

*El verano de la costa del Mar del Norte: el famoso balneario Kurhaus en Scheveningen*

*L'estate sulla costa del Mare del Nord: la rinomata Kurhaus di Scheveningen*

北海海岸沿いの夏：有名な *Kurhaus*、*Scheveningen*にて

Palace Promenade, Scheveningen
Palace Promenade, Scheveningen
Palace Promenade, Scheveningen
La Palace Promenade à Scheveningue
El malecón de Scheveningen

Palace Promenade, Scheveningen
ショッピングストリートPalace Promenade、Scheveningen

Lelystad, een nieuwe stad in het hart van Oostelijk-Flevoland

Lelystad, a new town in the heart of East Flevoland

Lelystad, eine neue Stadt im Herzen des neuen Polders Oostelijk-Flevoland

Lelystad, une ville nouvelle au coeur de la partie ets du polder Flevoland

Lelystad, una nueva ciudad en el corazón del Flevoland oriental

Lelystad, una nuova città nel cuore del Flevoland Orientale

Lelystad、東Flevoland の中心にある新しい都市

Een wekelijkse gelegenheid om 'koopjes' te halen: de markt in een provincie-hoofdstad. In dit geval in Leeuwarden (Friesland)

A week event to obtain bargains: the market in the provincial capital. In this case in Leeuwarden (Friesland)

Eine wöchentliche Gelegenheit um preiswert einzukaufen: Der Markt in der Provinzhauptstadt. In diesem Fall, Leeuwarden (Friesland)

Une fois par semeina, l'occasion de faire de bonnes affaires: le marché d'une capitale de province. Ici Leeuwarden (Frise)

Una oportunidad semanal para encontrar 'ocasiones', el mercado en una capital de provincia. En esta ocasión Leeuwarden (Frisia)

Ogni settimana vi si possono fare buoni affari: il mercato del capoluogo di provincia. In questo caso, a Leeuwarden, (Frisia).

毎週のお買い得：州首都の市場。この場合は Leeuwarden(Friesland)にて

Artis, de Amsterdamse dierentuin in het hart van de stad

Artis the Amsterdam Zoo in the heart of the city

Artis, der Amsterdammer Tiergarten im Herzen der Stadt

Artis le zoo d'Amsterdam, situé au coeur de la ville

Artis, el zoológico de Amsterdam en el centro de la ciudad

Artis, il giardino zoologico di Amsterdam nel cuore della città

Artis 、市の中央ににある Amsterdam動物園

*Oud 'Burgerweeshuis' te Purmerend*

*Old 'City-orphanage' at Purmerend*

*Altes 'Bürgerwaisenhaus' in Purmerend*

*Vieux orphelinat à Purmerend*

*Purmerend, el antiguo horfanato*

**Vecchio orfanotrofio cittadino a Purmerend**

旧市立孤児院、*Purmerend*

*Martinitoren Groningen*
*Martini-tower, Groningen*
*Martiniturm, Groningen*
*La tour Martini, Groningue*
*Groninga, la torre Martinitoren*
**Groninga, la torre Martini**
*Martini 塔、Groningen*

Den Haag, Vredespaleis

The Hague, the Peace Palace

Den Haag, Friedenspalast

Le palais de la paix à la Haye

La Haya, el Palacio de la Paz

L'Aia, il Palazzo della Pace

平和宮、Den Haag

Lelystad, een nieuwe stad op de bodem van de voormalige Zuiderzee

Lelystad, a new town on the bottom of the former Zuider Zee

Lelystad, eine neue Stadt auf dem Boden der ehemaligen Zuiderzee

Lelystad, une ville nouvelle au fond de l'ancienne Zuiderzee

Lelystad, un nueva ciudad asentada sobre el fondo del que era el mar Zuiderzee

Lelystad, una nuova città costruita sul fondo di quello che una volta era lo Zuiderzee

Lelystad、以前のZuiderzee の底に建った新しい都市

Stoere Stadspoort, Zwolle

Sturdy town-gate, Zwolle

Rüstiges Stadtstor, Zwolle

Porte de ville robuste, Zwolle

Zwolle, puerta de la ciudad

*La porta della città, Zwolle*

剛健な都市城門、Zwolle

De Koopmansbeurs op het Damrak te Amsterdam (1898) naar een ontwerp van de beroemde architect Hendrik Petrus Berlage

The Exchange on the Damrak in Amsterdam (1898), after a design of the famous architect Hendrik Petrus Berlage

Die Handelsbörse auf der Damrak in Amsterdam (1898), nach einem Entwurf des berühmten Architekten Hendrik Petris Berlage

La Bourse de Commerce, sur le Damrak à Amsterdam (1898), d'après les plans du célèbre architecte Hendrik Petrus Berlage

La Bolsa 'Koopmansbeurs' en el Damrak de Amsterdam (1898), según un diseño del famoso arquitecto Hendrik Petrus Berlage

La Borsa sul Damrak ad Amsterdam (1898), progettata dal famoso architetto Hendrik Petrus Berlage

Amsterdam の Damrak にある取引所(1898)有名な建築家 Hendrik Petrus Berlage の設計による

*Kampen, oude Hanzestad*

*Kampen, old Hanze-town*

*Kampen, alte Hansestadt*

*Kampen, vieille ville d'Hanze*

*Kampen, antigua ciudad anseática*

*Kampen, antica città anseatica*

*Kampen、旧ハンザ同盟都市*

Pret in het centrum van Arnhem

Fun in the center of Arnhem

Vergnügen in der Stadtmitte von Arnheim

Plaisir au centre d'Arnhem

Diversión en el centro de Arnhem

Divertimento nel centro di Arnhem

戯れ、Arnhemの中心にて

Gevelrij uit de Gouden Eeuw, Medemblik

*Row of façades from the golden age, Medemblik*

*Fassadenreihe vom goldenen Zeitalter, Medemblik*

*Des façades du siècle d'or, Medemblik*

*Fachadas del siglo de oro, Medemblik*

**Facciate del Secolo d'oro, Medemblik**

黄金時代の正面壁の列、Medemblik

Hoorn, aan de haven

*The port Hoorn*

*Hoorn, am Hafen*

*Hoorn, au port*

*Hoorn, construida alrededor del puerto*

**Hoorn, il porto**

*Hoorn の港*

Zware stadspoort 'Drommedaris' Enkhuizen

Heavy town-gate 'Drommedaris', Enkhuizen

Schweres Stadtstor 'Drommedaris', Enkhuizen

Robuste porte de ville 'Drommedaris', à Enkhuizen

Enkhuizen, el Drommedaris, pesada puerta de la ciudad

Enkhuizen, la robusta porta della città detta "Drommedaris"

重々しい都市城門'Drommedaris'、Enkhuizen

De Waag uit 1609 te Hoorn

Weigh-house in Hoorn, 1609

Die Waage aus 1609 in Hoorn

Le poids public à Hoorn

Hoorn, el peso público de 1609

La pesa pubblica del 1609 ad Hoorn

1609年の計量所、Hoorn

Hofvijver rond regerings- en parlementsgebouwen, Den Haag

Court-pind round the Houses of Government and Parliament, The Hague

Hofteich, ringsum Regierungs- und Parlamentsgebäuden

Létang du court autour des édifices du gouvernement et du parlement, La Haye

La Haya, estanque alrededor del parlamento

Il fossato intorno all'edificio del governo e del parlamento, L'Aia

内閣・国会議事堂まえの宮廷池、Den Haag

Prachtig oud stadhuis (1565) van Den Haag

Beautiful old Town-hall of The Hague (1565)

Prachtvolles altes Rathaus (1565) im Haag

La vieille mairie magnifique de La Haya (1565)

El magnifico viejo ayuntamiento de la Haya (1565)

Lo splendido vecchio municipio (1565) dell'Aia

Den Haagの豪華な古い市庁舎(1565)

Waagplein met historische omlijsting, Gouda

Rijkdom weerspiegeld in bouwkunst, Gouda

Weigh-house square in historical setting, Gouda

Richness reflected in architecture, Gouda

Wageplatz mit historischer Einramung. Gouda

Reichtum, widerspiegelt in Baukunst, Gouda

Place de poids public avec encadrement historique. Gouda

La richesse, réflectée en architecture, Gouda

Gouda, plaza del peso publico 'Waagplein' con encuadre histórico

La riqueza reflejada en el estilo arquitectonico, Gouda

Gouda, la piazza della pesa pubblica e la sua cornice storica

La ricchezza riflessa nell'architettura, Gouda

歴史的背景を見せている広場 Waagplein、Gouda

富裕が建築に反映されている、Gouda

Watersport is erg in trek. Dat blijkt uit de gezellige drukte in de jachthaven van Bruinisse (Zeeland)

Watersports are very popular. This can be seen from the hustle and bustle in the marina of Bruinisse (Zeeland)

Wassersport ist 'in'. Das zeigt sich am bunten Treiben im Yachthafen von Bruinisse (Zeeland)

Les sport nautiques sont très en vogue. Ce que montre bien l'ambiance animée du port de plaisance de Bruinisse (Zélande)

El deporte acuático esta en boga. Ello se desprende del animado bullicio en el puerto de yates de Bruinisse (Zeelanda)

Gli sport nautici sono molto in voga. Ne è testimone l'animazione che regna nella darsena per imbarcazioni da diporto di Bruinisse (Zelanda)

水上スポーツはとても人気がある。マリーナのはじける賑わいから明らかである、Bruinisse(Zeeland)

Oud Zierikzee in volle glorie      栄華に包まれている古きZierikzee      De haven van het oude Veere      Il porto dell'antica Veere

Old Zierikzee in all its glory                                            Port of old Veere      古きVeere の港

Das alte Zierikzee in vollem Glanz                                      Der Hafen vom alten Veere

Le vieux Zierikzee en toute gloire                                     Le port du vieux Veere

La vieja ciudad de Zierikzee, en todo su esplendor                Veere, el puerto de la ciudad

La vecchia Zierikzee in tutta la sua gloria

Over water, de beste weg

By water, the best way

Uber Wasser, den besten Weg

Par l'eau, la meilleure route

Por el agua, el mejor camino

Sull'acqua, il percorso migliore

水路で、良策

Vlootaanvoerder Michiel de Ruyter

Admiral Michiel de Ruyter

Flottenkapitän Michiel de Ruyter

Le capitaine de la Flotte, Michiel de Ruyter

El Almirante Michiel de Ruyter

L'ammiraglio Michiel de Ruyter

海軍大将 Michiel de Ruyter

Middeleeuwse vestingbouw, Kasteel Duurstede

Medieval fortress, Duurstede-castle

Mittelälterlicher Festungbau, Schloss Duurstede

Fortification du Moyen Age, le château Duurstede

Estilo de fortificación medieval, castillo Duurstede

Fortezza medievale, il castello Duurstede

中世の砦、Duurstede 城

De Lange Jan torent boven Amersfoort uit

The 'Lange Jan' towering above Amersfoort

Der 'überragende' Lange Jan in Amersfoort

La tour Lange Jan domine Amersfoort

La torre llamada 'De Lange Jan' domina sobre Amersfoort

La torre chiamata "De Lange Jan" domina Amersfoort

Lange Jan がAmersfoortの上にそびえている

*Eeuwig ruisend*
*Murmuring eternally*
*Ewig rauschend*
*Murmurant éternellement*
*Susurro perenne*
*Mormorio perenne*
永遠の騒めき

*Stellingmolen op stadswal te Wijk bij Duurstede*

*Scaffolding-mill on the city-rampart of Wijk bij Duurstede*

*Gerüst-Mühle auf dem Stadtwall, Wijk bij Duurstede*

*Un moulin d'échafaudage sur le rempart de Wijk bij Duurstede*

*Molino de tipo Stellingmolen en las murallas de Wijk bij Duurstede*

*Un mulino ad impalcatura sui bastioni di Wijk bij Duurstede*

塁壁に立つやぐら風車、*Wijk bij Duurstede*

*Een monumentaal pand op de Markt in Wijk bij Duurstede: het huis Nederhoff*

*A monumental building on the Market Place in Wijk bij Duurstede: Nederhoff house*

*Ein monumentales Gebäude auf dem Markt in Wijk bij Duurstede: das Haus Nederhoff*

*Une maison monumentale dur le Markt à Wijk bij Duurstede: la maison Nederhoff*

*Una casa monumental en la plaza del mercado de Wijk bij Duurstede: el edificio Nederhoff*

*Un monumentale edificio sul Markt (Mercato) di Wijk bij Duurstede: casa Nederhoff*

*Nederhoff 邸：Wijk bij DuurstedeのMarkt にある文化財建築*

Oosterhout, een mooie oude straat in het centrum

Oosterhout, a beautiful old street in the village centre

Oosterhout, eine schöne alte Strasse im Zentrum des Dorfes

Oosterhout, une rue pittoresque dans le centre de la village

Oosterhout, una calle pintoresca en el centro de la ciudad

Oosterhout, una pittoresca via del centro

Oosterhout、街の中心にある美しい古い通り

Tilburg, caféterras tegenover de kerk

Tilburg, pavement opposite the church

Terrasse, der Kirche gegenüber, Tilburg

Tilburg, la terrasse en face de l'église

Tilburg, terraza de un café enfrente de la iglesia

Tilburg, tavolini all'aperto di un caffè di fronte alla chiesa

Tilburg 、教会の向かいのカフェテラス

Maastricht aan de Maas

Maastricht on the river Meuse

Maastricht an der Maas

Maastricht sur Meuse

Maastricht en la orilla del rio Maas

Maastricht sulla Mosa

Maas川岸の Maastricht

De Munsterkerk te Roermond

The 'Munster' church at Roermond

Die Munsterkirche in Ruhrmond

La église 'Munster' à Roermond

La iglesia Munsterkerk en Roermond

La Munsterkerk di Roermond

教会 Munsterkerk、Roermond

Havenstad Workum

Port of Workum

Der Hafenplatz Workum

Workum, ville maritime

Workum, ciudad portuaria

Workum, città di mare

港町 Workum

Dokkum, vroegere havenstad

Dokkum, former port

Dokkum, ehemaliger Hafenplatz

Dokkum, ancien ville maritime

Dokkum, antigua ciudad portuaria

Dokkum, antica città di mare

Dokkum、旧港町

Haarlem, oud en voornaam

Haarlem, old and aristocratic

Haarlem, alt und vornehm

Haarlem, vieux et distingúe

Haarlem, antigua y distinguida

Haarlem, antica e aristocratica

Haarlem 、古さと威厳

# Op stap in Nederland

Hoe klein Nederland ook is, dit land in een paar dagen verkennen is onmogelijk. Daarvoor is het te veelzijdig, heeft het teveel onvermoede stekjes en plekjes. Voor wie het land toch in een paar dagen wil "doen", volgt hier een lijst met monumenten en toeristische attracties per provincie, die niemand eigenlijk mag missen.

## Noord-Holland

De binnenstad van hoofdstad Amsterdam lijkt volgebouwd met musea, theaters en monumenten. Dit "Mokum" bruist van leven en ademt een unieke sfeer. Beroemd zijn de grachtenhuizen, in hun allure herinnerend aan de Gouden (zeventiende) eeuw. Het Nationaal Monument op de Dam is samen met het Vondelpark nog altijd een trefpunt voor jongeren uit alle werelddelen. Het Rijksmuseum heeft 's werelds meest omvangrijke collectie Nederlandse schilderkunst van de vijftiende tot en met de negentiende eeuw, het Stedelijk één van de grootste verzamelingen moderne kunst. Een rondvaart door de grachten en een bezoek aan Artis, één der oudste dierentuinen op de wereld, zijn een must.
Verder in Noord-Holland het als een rijksmuseum fungerend Muiderslot, dat een uitstekend beeld geeft van het leven in en om een middeleeuws kasteel. In de oude stadjes Volendam en Marken tastbare herinneringen aan de vroegere Zuiderzeevisserij: oude havens, klederdrachten en oudhollandse woonhuizen. Alkmaar heeft een historische kaasmarkt.

## Zuid-Holland

Den Haag is de enige plaats in Nederland met twee paleizen van het Huis van Oranje. Koningin Beatrix woont in Huis ten Bosch, Noordeinde is haar "werkplaats". Den Haag is het politieke centrum van Nederland: de gebouwen van de eerste en tweede kamer zijn te bezichtigen. Het Internationaal Gerechtshof zetelt in het Vredespaleis.
Rotterdam heeft natuurlijk zijn zeehaven, de grootste ter wereld. Het Boymans-Van Beuningenmuseum herbergt een indrukwekkende collectie oude en nieuwe meesters.
Fraaie stadskernen met veel monumenten zijn te vinden in Delft, Gouda, Dordrecht en Leiden. Hillegom is het centrum van de bloembollencultuur. De bollenvelden rondom kasteel De Keukenhof bij Lisse trekken ieder voorjaar tienduizenden bezoekers met hun onvergelijkelijke kleurenpracht.

## Zeeland

Zeeland kwam in 1953 in het wereldnieuws. Tijdens een watersnoodramp verloren honderden mensen hier het leven. De Deltawerken moeten een herhaling van zo'n ramp voorkomen. Alle zeearmen, behalve de Westerschelde zijn met dammen afgesloten. Een miljardenverslindend project, vooral doordat bij de afsluiting van de Oosterschelde voor een open pijlerdam is gekozen om zo de oesterteelt in Yerseke en een uniek milieu te behouden. De Deltawerken als geheel vormen een waterbouwkundig monument van de eerste orde.
Monumenten ook, maar dan uit vroeger eeuwen, in fraaie steden als Middelburg en Veere.

## Noord-Brabant

Noord-Brabant, in oppervlakte onze grootste provincie, heeft met de Biesbos, De Peel en De Kempen vooral veel aan natuurschoon te bieden. Duizenden hectares zijn ontgonnen, maar boeiende natuurreservaten bleven bewaard. Mooiste steden zijn Breda, Bergen op Zoom en vooral 's-Hertogenbosch, dat met de Sint Janskathedraal één van de fraaiste kerken in Nederland heeft. In Eindhoven, de stad van Philips, is het Evoluon het enige museum dat meer over de toekomst dan het verleden laat zien. Van nationaal belang voor de beeldende kunst is het Van Abbemuseum. Zundert is vermaard om zijn jaarlijkse bloemencorso in september. De Efteling bij Kaatsheuvel is één der oudste pretparken, die zijn sprookjesachtige sfeer nooit verloren heeft. Noord-Brabant is ook de provincie waar grote rivieren tot in onze tijd het landschap bepalen.

## Limburg

De zuidelijkste provincie van ons land lijkt één groot cultuur- en natuurhistorisch monument. Met de oude binnenstad van Maastricht, het Romeinse badgebouw in het Thermenmuseum te Heerlen en met de vroegere abdij Rolduc en kasteel Oud Ehrenstein in Kerkrade. Maar ook met het idyllische Geuldal, het prachtige, duizend hectare grote natuurreservaat De Grote Peel en de Vaalserberg. Op deze hoogste heuvel van Nederland is ook het zogenaamde drielandenpunt te vinden. Valkenburg trekt vele toeristen met zijn grotten.

## Utrecht

In de provincie Utrecht is veel rijkdom uit het verleden bewaard gebleven. Patriciërs uit de Hollandse steden bouwden hun buitenverblijven langs de Vecht, o.a. in Maarssen, Loenen, Vreeland en Breukelen. In Maarn, Doorn, Zeist en Haarzuilens staan nog oude kastelen en landgoederen. In Soestdijk het Koninklijk Paleis. Veel oude boederijen met kunstig houtsnijwerk zijn te vinden in Kockengen, één van Utrechts mooiste dorpen en in de stad Utrecht een keur van Musea. Oude vissersplaatsen zijn Bunschoten en Spakenburg, waar op hoogtijdagen nog klederdracht gedragen wordt. De Loosdrechtse en Vinkeveense Plassen zijn zeer gewild bij de watersporters.

## Gelderland

Naast zeer veel natuurschoon heeft Gelderland ook het nodige aan vermaak en cultuurgoederen binnen zijn provinciegrenzen. Het openluchtmuseum bij Arnhem bijvoorbeeld, waar een schat aan bouwstijlen uit alle tijden te zien is. Of het Kröller-Müller-museum te Otterlo met een weergaloze Van Gogh-collectie.

In Apeldoorn is het koninklijk palies Het Loo te bezichtigen. Het is overigens maar één van de vele landgoederen en kastelen die Gelderland rijk is.

## Overijssel

In kastelen en landgoederen doet Overijssel nauwelijks voor zijn zuiderbuur onder. In Salland vinden we het kunstmuseum Het Nijenhuis, maar ook Den Alerdinck, de Colckhof, 't Reelaer, aan de Vecht Kasteel Rechteren en bij Bathem de landgoederen De Bannink en Dorth. In Staphorst lopen velen nog altijd in klederdracht; ambacht is hier tot volkskunst verheven. Giethoorn is door de turfwinning het Venetië van het noorden met al zijn vaarten en plassen. Zelfs een gondeltocht behoort er tot de mogelijkheden, met als enige verschil dat de gondel in Giethoorn ''punter'' heet. In Twente staan nog honderden karakteristieke Saksische boerderijen. Minder is er overgebleven van de Twentse textielindustrie, die in de eerste helft van onze eeuw nog aan duizenden mensen werk gaf. De herinnering daaraan leeft voort in het Twents-Gelders Textielmuseum in Enschede. Helemaal van deze tijd zijn de pretparken bij Slagharen en Hellendoorn.

## Drenthe

Grote oude steden heeft Drenthe niet. Maar dat wordt ruimschoots goedgemaakt door de schitterende natuur. Bos en heidevelden zijn overal doorsneden met smalle weggetjes en fietspaden. Drenthe is de fietsprovincie bij uitstek. De rijwielvierdaagse telt ieder jaar tienduizenden deelnemers.

Op verschillende plaatsen wordt de heide nog onderhouden door schapen, onder andere bij Ruinen. Bij Havelte staat een schaapskooi. De hunebedden bij Rolde, Grollo, Borger, Drouwen en nog enkele andere plaatsen herinneren aan de bewoners van ver voor het begin van de jaartelling. In het museumdorp Orvelte worden bijna uitgestorven ambachten nog steeds beoefend. Barger-Compascum heeft een veenmuseum, gedeeltelijk in de open lucht. In de dierentuin van Emmen zijn levensgrote haaien te bewonderen in een groot zee-aquarium.

## Groningen

Oude rijkdom op zware kleigronden, arme veen- en welvarende zandstreken, met ver daaronder de grootste aardgasvoorraad van Europa. Dat is de provincie Groningen. Maar er is ook nog veel uit vroeger eeuwen te zien. De vele oude terpdorpjes langs de noordkust bijvoorbeeld. Een aantal oude borgen is gerestaureerd; zij hebben de status van museum gekregen. Dat geldt o.m. voor Fraeylema- borg bij Slochteren en Menkemaborg bij Uithui- zen. In Ter Apel staat een middeleeuws klooster met kruidentuin, op landgoed Nienoord te Leek het Nationaal Rijtuigmuseum. In de stad Groningen spreken de Martinitoren uit de vijftiende eeuw en het Peerd van ome Loeks van aanmerkelijk recenter datum het meest tot de verbeelding. Vanuit Pieter- buren kan het wad te voet worden overgestoken. In dat dorp bevindt zich ook een zeehondencreche.

## Friesland

De Friese meren zijn het Mekka van de Nederland- se watersporters. Vele duizenden brengen hun zo- mers er door met een zeil- of motorboot. Aldfaers Erf is een toeristische route in de gemeente Wonse- radeel met een serie gerestaureerde en antiek inge- richte boerderijen, een kerk, winkel, school en tim- merwerkplaats. Speciale aandacht trekken de elf steden met gerestaureerde kernen. In Franeker het Planetarium van Eise Eisinga uit de achttiende eeuw. In de grafkelder van de hervormde kerk van Wieuwerd liggen vier op natuurlijke wijze gemum- mificeerde lijken uit 1609. Hoogebeintum is ge- bouwd op de hoogste nog bestaande terp van Ne- derland. De Oldehove, de uit de zestiende eeuw stammende scheve kerktoren, is het handelsmerk van Leeuwarden. Daar is ook het museum het Princessehof, met één van 's-werelds belangrijkste keramische collecties. Vanuit Harlingen, Holwerd en Lauwersoog zijn de waddeneilanden Vlieland, Terschelling, Ameland en Schiermonnikoog te be- reiken.

## De polders

Typisch Nederlands zijn de polders, laaggelegen kostelijke landbouwgrond in de voormalige Zuider- zee: Noordoostpolder (drooggelegd in de oorlogsja- ren), Oostelijk en Zuidelijk Flevoland.
Zij geven een indruk van de fenomenale ontwikke- ling van de Nederlandse veehouderij en akker- bouw. Met name in de Flevolanden kan men de modernste vormen van bedrijfsvoering in de prak- tijk aanschouwen.

# On our way in the Netherlands

However small the Netherlands are, it is impossible to explore this country in a few days. There are too many aspects, it has too many unexpected hidden little places. For those who do want to "do" the country in a few days however, a list has been made of the monuments and touristic attractions;

## North-Holland

The innercity of the capital of Amsterdam seems filled with museums, theatres and monuments. This "Mokum" is full of life and breathes a unique atmosphere. Famous are the houses on the canals, in their splendour they remind us of the golden (seventeenth) century. The National Monument on the Dam together with the Vondelpark is still a meeting place for young people from all over the world. The Rijksmuseum has the world's largest collection of Dutch paintings from the fifteenth up to and including the nineteenth century; the Stedelijk museum has one of the largest collections of modern art. A boat trip through the canals and a visit to Artis, one of the oldest zoos in the world, are a must.

Also in North-Holland one can find the Muiderslot which is now a museum and which gives an excellent picture of life in and around a castle from the middle ages. The old towns of Volendam and Marken have concrete memories of the past sea fisheries of the Zuiderzee; old harbours, traditional costumes and old Dutch houses. Alkmaar has a historical cheesemarket.

## South-Holland

The Hague is the only place in the Netherlands which has two palaces of the House of Orange. Queen Beatrix lives in Huis ten Bosch, while Noordeinde is her "working" palace. The Hague is the political centre of the Netherlands; the buildings of the first and second chamber can be visited. The International court is situated in the Vredespaleis (Peace palace). The artistically painted and projected landscapes of Mesdag can be found in the Panorama. Miniatures of all the important buildings in the Netherlands can be found in Madurodam. Near The Hague is also the beach of Scheveningen and the splendid Kurhaus. Rotterdam of course has its seaport, the largest in the world. The Boymans-Van Beuningenmuseum contains an impressive collection of old and modern masters. There is also the zoo in Blijdorp.

Splendid city centres with many monuments can be found in Delft, Gouda, Dordrecht and Leiden. Hillegom is the centre of the bulbculture. The bulbfields around the castle "De Keukenhof" draw tens of thousands of visitors each spring because of the unforgettable colour display.

## Zealand

Zealand made the international headlines in 1953. During a flooding hundreds of people lost their lives. The Delta works have been built in order to prevent a similar disaster. All sea arms, apart from the Westerschelde, are closed off by dams. An extremely costly project, expecially because with the closing off of the Oosterschelde an open dam was chosen in order to keep the cultivation of oysters in Yerseke and to preserve a unique environment. The Delta works as a whole form a hydraulic monument of an excellent quality. Monuments from earlier centuries can be found in the splendid towns of Middelburg and Veere.

## North-Brabant

North-Brabant, in size our largest province, has much to offer in the way of nature reserves with places like the Biesbos, the Peel and the Kempen.

Thousands of hectares have been cleared but some fascinating nature reserves have been kept. Beautiful towns like Breda, Bergen op Zoom and especially 's-Hertogenbosch (Bois-le-Duc), with the Saint Janscathedral has one of the finest churches in the Netherlands. In Eindhoven, the town of Philips, one can find the Evoluon, the only museum which can show more about the future than the past. The sculptures in the Van Abbe museum are of national importance. Zundert is famous for its yearly flower parade in September. The Efteling near Kaatsheuvel is one of the oldest funfairs, which has never lost its fairytale-like astmosphere. North-Brabant is also the province where large rivers determine the landscape.

## Limburg

The most southern province of our country seems to be one large cultural and natural historical monument. It has the old city centre of Maastricht, the Roman bath-house in the Thermenmuseum in Heerlen and the old abbey Rolduc and castle Oud Ehrenstein in Kerkrade. But it also has the idyllic valley of the Geul, the beautiful nature reserve De Grote Peel, thousand hectares in size and the Vaalserberg. On this highest hill of the Netherlands one can find the so-called point of three nations. Valkenburg attracts many tourists because of its caves.

## Utrecht

In the province of Utrecht much of the richness of the past has been preserved. Noblemen from the towns in Holland used to build their country houses along the Vecht, in places like Maarssen, Loenen, Vreeland and Breukelen. In Maarn, Doorn, Zeist and Haarzuilens old castles and large estates can still be found. In Soestdijk one can find the Royal Palace. Kockengen has many old farms with artistic woodwork and is one of the most beautiful villages in the Netherlands. Utrecht has many museums of varying kind. In old fishing places like Bunschoten and Spakenburg traditional costumes are still worn on special days. The lakes of Loosdrecht and Vinkeveen are much appreciated by lovers of watersports.

## Gelderland

Apart from a lot of natural beauty Gelderland also has amusements and culture inside its provincial boundaries. The open-air museum near Arnhem for example, where a whole treasure of different buildingstyles from all times can be seen. There is the Kröller-Müllermuseum in Otterio with the excellent Van Gogh collection. In Apeldoorn the royal palace Het Loo can be visited. This is by the way only one of the many landed estates and castles which can be found in Gelderland.

## Overijssel

Overijssel has nearly as many castles and landed estates as its southern neighbour. In Salland we can find the museum Het Nijenhuis, but also Den Alerdinck, the Colckhof, the Reelaer, along the Vecht the castle of Rechteren and near Bathem the estates Den Bannink and Dorth. In Staphorst many still wear traditional dress, traditional crafts have become an artform here. Giethoorn has become the Venice of the north, due to peat exploitation it has many canals and lakes. Even a trip on a gondola is possible with the only difference in the name, in Giethoorn it is called a ''punter''. In Twente there are still hundreds of characteristic Saxon farms. Little is now left of the textile industry which gave employment to thousands of people in the first part of this century. The Twents-Gelders Textile museum in Enschede is a reminder of that time. More of our time are the fun-fairs near Slagharen and Hellendoorn.

## Drenthe

Drenthe does not have large old towns. But the beautiful countryside amply makes up for this. Woods and heatherfields are divided by narrow lanes and cycling paths. Drenthe is the ideal cycling province. The yearly four day cycling tour has tens of thousands of participants.
In some places the heatherfields are still maintained by sheep, like near Ruinen. Near Havelte there is a sheeppen. The megalithic tombs near Rolde Grollo, Borger, Drouwen and a few other places remind us of the inhabitants of a different era. In the mu-

seum village Orvelte old crafts are still practised. Borger-Compascuum has a peat museum, partly in the open air. The zoo in Emmen has enormous sharks in the large sea-aquarium.

## Groningen

Old richness on heavy clay soil, poor peat and prosperous sand regions, with far below the largest supply of natural gas in Europe. That sums up the province of Groningen. But there is still a lot to see from previous centuries. The old villages built on mounds along the northern coast for example. A number of old country mansions have been restored and have acquired the status of museum, like Fraeylemaborg near Slochteren and the Menkemaborg near Uithuizen. Ter Apel has a monastry with a herb garden, the country estate of Nienoord near Leek houses the National Carriage Museum. In the town of Groningen the attention is drawn to the Martinitoren of the fifteenth century and the Peerd van ome Loeks (The horse of uncle Luke) of a more recent date. From Pieterburen it is possible to cross the Shallows by foot. That village also houses a nursery for seals.

## Friesland

The Frisian lakes are the mecca of the Dutch watersport. Many thousands spend their summers here with sailing or motor boats. Aldfaers Erf is a route for tourists in Wonseradeel with a number of restored farms with antique interiors, a church, a shop, a school and a carpenter's workshop. Special attention deserve the eleven towns which have restored centres. In Franeker the Planetarium of Eise Eisinga, from the eighteenth century, is well worth visiting. The family vault of the Reformed Church of Wieuwerd contains four naturally mummified bodies from 1609. Hoogbeintum has been built on the highest existing mound in the Netherlands. The Oldehove, the leaning tower of Leeuwarden from the sixteenth century, has become a trademark. In Leeuwarden too can be found the Princessehof, one of the world's most important collections of ceramics. From Harlingen, Holwerd and Lauwersoog one can reach the Frisian islands Vlieland, Terschelling, Ameland and Schiermonnikoog. The "afsluitdijk" (dam) forms the connection with North-Holland.

## The Polders

Typically Dutch are the Polders, lowlying, precious agricultural areas in the old Zuiderzee. They consist of the Noordoostpolder (reclaimed during the war) the East Flevoland and the South Flevoland. They give an impression of the phenomenal development of Dutch stockfarming and agriculture.
In particular in the Flevopolders one can see the most modern forms of farming in practice.

# Auf Wanderschaft in den Niederlanden

Wie klein die Niederlande auch sein vermag, sie in ein paar Tagen kennen zu lernen ist unmöglich. Dafür ist sie zu vielseitig, und hat zuviele unvermutete Winkel und Plätzchen. Wer das Land dennoch in ein paar Tagen kennen lernen will, folgt hier für denjenigen eine Aufzählung von Monumenten und touristischen Attraktionen jeder Provinz, die niemandem eigentlich fehlen sollte.

### Noord-Holland

Die City der Hauptstadt Amsterdam scheint vollgestaut zu sein mit Theatern, Museen und Denkmälern. ''Mokum'' braust von Lebendigkeit und atmet eine einmalige Sphäre. Seine Grachtenhäuser sind berühmt; ihre Allüre erinnert an die ''goldene Epoche'' (das 17. Jahrhundert). Das nationale Denkmal auf dem Dam ist zusammen mit dem Vondelpark noch immer ein Treffpunkt für Jugendliche aus allen Erdteilen. Das Reichsmuseum beherbergt die umfangreichste Sammlung niederländischer Malerei der Welt. Sie erstreckt sich vom 15. bis zum 20 Jahrhundert. Das städtische Museum hat eine der größten Sammlungen moderner Kunst. Eine Rundfahrt durch die Kanäle und ein Besuch an Artis, dem ältesten Tiergarten der Erde, muß man mitgemacht und gesehen haben.

Weiter gibt es in Noord-Holland das als staatliches Museum fungierende Muiderschloss, das einen ausgezeichneten Eindruck vermittelt vom Leben innerhalb und außerhalb einer mittelalterlichen Burg. In den alten Städtchen Volendam und Marken, zeugen greifbare Erinnerungen an die frühere Zuiderzeefischerei: alte Häfen, Kleidertrachten und altholländische Wohnhäuser. Alkmaar kennt den historischen Käsemarkt.

### Zuid-Holland

Den Haag ist der einzige Platz in den Niederlanden mit zwei Palästen des Königshauses Oranje. Königin Beatrix wohnt im Haus Ten Bosch, Noordeinde ist ihr Residenzpalast. Den Haag ist das politische Herz des Landes.

Die Gebäude der Volksvertretungen sind zugänglich. Der internationale Gerichtshof hat seinen Sitz im Friedenspalast.

Rotterdam hat natürlich seinen Seehafen, den größten der Welt. Das Boymans-Van Beuningenmuseum beherbergt eine eindrucksvolle Kollektion alter und neuer Meister. Auch hier ein Zoo, Blijdorp.

Hübsche Stadtkerne mit vielen Monumenten findet man in Delft, Gouda, Dordrecht und Leiden. Hillegom ist das Herz der Blumenzwiebelkultur. Die Zwiebelfelder rund um das Schloss ''De Keukenhof'' in der Nähe von Lisse, lockt jedes Frühjahr zehntausende Besucher mit ihrer unvergleichlichen Farbenpracht.

### Zeeland

Zeeland wurde 1953 weltbekannt. Während einer Wassernotkatastrophe fanden hunderte von Menschen hier den Tod. Das Deltawehr muß verhindern, daß sich solch eine katastrophe wiederholt. Alle Meeresarme, ausser der Westerschelde, wurden mit einer Dammwand geschlossen. Dies ist ein Milliarden verschlingendes Unternehmen, vor allem dadurch, daß man sich bei der Schliessung der Oosterschelde für einen offenen Pfeilerdamm entschieden hatte, um so die Austernzucht in Yerseke und ein einmaliges Milieu zu schützen. Die Deltawehre sind als Ganzes ein wasserbauliches Monument erster Ordnung. Ganz andere Monumente, aber dann auch aus früheren Jahrhunderten, sind in den prächtigen Städtchen Middelburg und Veere zu finden.

## Noord-Brabant

Noord-Brabant ist der Oberfläche nach die größte Provinz und hat mit dem Biesbos, De Peel und De Kempen viel Naturschönheit zu bieten. Tausende Hektar Land sind urbar gemacht, trotzdem blieben fesselnde Naturgebiete erhalten. Die schönsten Städte sind Breda, Bergen op Zoom und vor allem 's-Hertogenbosch, die mit der St. Janskathedrale eine der schönsten Kirchen der Niederlande besitzt. Eindhoven, die Stadt von Philips, hat das einzige Museum, das mehr über die Zukunft als über die Vergangenheit zeigt, es heißt Evoluon. Von nationaler Wichtigkeit für die bildenden Künste ist das Van Abbe Museum. Zundert ist berühmt um seinen jährlichen Blumenaufzug im September. Der "Efteling" bei Kaatsheuvel, ist einer der ältesten Vergnügungsparks, der seine Märchenhaftigkeit nie verloren hat. Noord-Brabant ist auch die Provinz der breiten Flüsse, die bis in die heutige Zeit das Gesicht der Landschaft bestimmen.

## Limburg

Die südlichste Provinz unseres Landes scheint ein einziges, riesiges Kultur- und Naturhistorisches Monument zu sein. Mit der alten Innenstadt von Maastricht, dem römischen Badehaus und dem Thermenmuseum in Heerlen, sowie der früheren Abtei Rolduc. Auch das Schloss "Oud Ehrenstein" gehört dazu. Aber auch das idyllische Geultal, das prächtige tausend Hektar umfassende Naturreservat "De grote Peel" und der Vaalserberg gehören dazu. Das Dreiländereck befindet sich auf der höchsten Erhebung der Niederlande. Valkenburg zieht viele Touristen mit seinen Höhlen und Grotten.

## Utrecht

In der Provinz Utrecht ist viel Reichtum aus der Vergangenheit erhalten geblieben. Patrizier aus holländischen Städten bauten hier ihre Aussensitze entlang der Vecht, unter anderem in Maarssen, Loenen, Vreeland und Breukelen. In Maarn, Doorn, Zeist und Haarzuilens stehen noch solche alte Burgen und Landgüter. In Soestdijk steht der königliche Palast.

Viele alte Bauernhöfe, mit originellen Holzschnitzereien verziert, findet man in Kockengen, einer der schönsten Dorfer Utrechts. In der Stadt Utrecht selbst hat man eine Wahl von Museen. Bunschoten und Spakenburg sind alte Fischerdörfer, in welchen an Festtagen noch Trachten getragen werden. Die "Loosdrechtse" - und "Vinkeveense Plasen" werden bei den Wassersportlern sehr bevorzugt.

## Gelderland

Ausser seiner großen Naturschönheit hat Gelderland auch das Nötige an Vergnügung und Kulturgütern innerhalb seiner Grenzen zu bieten. Das Freiluftmuseum bei Arnhem zum Beispiel, wo eine reiche Auswahl von Baustilen aus allen Epochen zu sehen ist. Oder das Kröller-Müller-Museum bei Otterlo, mit seiner van Gogh-Kollektion, die ihresgleichen nicht kennt. In Apeldoorn kann man den königlichen Palast "Het Loo" besichtigen. Es ist übrigens nur eines der vielen Landgüter und Schlösser, die Gelderland reich ist.

## Overijssel

An Schlössern und Landgütern ist Overijssel nicht weniger reich, als sein südlicher Nachbar. In Salland findet man auch das Kunstmuseum "Het Nijenhuis" aber auch "Den Alerdinck", "Den Colckhof", "'t Reelaer" das an der Vecht gelegene Schloss Rechteren und bei Bathem die Landgüter "Bannik" und "Dorth". In Staphorst trägt man noch immer Kleidertracht, Handwerk ist hier Volkskunst geworden. Giethoorn ist mit seinen Kanälen und Tümpeln durch die Torfgewinnung das Venedig des Nordens geworden. Sogar eine Gondelfahrt gehört zu den Möglichkeiten, nur mit dem Unterschied, dass man in Giethoorn die Gondel einen "Punter" nennt. In Twente stehen noch hunderte sächsischer Bauernhöfe. Von der twentischen Textilindustrie ist wenig übriggeblieben. Sie bot in der ersten Hälfte unseres Jahrhunderts Arbeit für tausende von Menschen. Die Erinnerung bleibt bewahrt im "Twents- Gelders Textielmuseum" in Enschede. Ganz zeitgemäß sind die Vergnügungsparks von Slagharen und Hellendoorn.

## Drenthe

Drenthe besitzt leider keine größeren Städte. Das wird mehr als aufgeholt durch die reizvolle Natur. Wald und Heide sind überall durchschnitten von schmalen Feld- und Radwegen. Drenthe ist die Radfahrprovinz erster Ordnung. Die Viertagetour auf dem Fahrad zählt alljährlich zehntausende von Teilnehmer.

Auf verschiedenen Plätzen werden auf der Heide noch Schafe gehalten,unter anderem bei Ruinen. Bei Havelte steht ein Schafstall. Die Hünengräber in der Nähe von Rolde, Grollo, Borger, Drouwen und anderen Plätzen erinnern an Bewohner die weit vor unserer Zeitrechnung lebten. Im Museumsdorf Orvelte werden fast ausgestorbene Handwerkskünste noch immer ausgeübt. Barger Compascum hat ein echtes Moormuseum, teilweise in der Freiluft. Im Tiergarten von Emmen sind im grossen Seeaquarium lebensgrosse Haie zu bewundern.

## Groningen

Alter Reichtum auf schwerem Lehmboden, armselige Moor- und wohlhabende Sandgebiete und unter alledem den umfangreichsten Erdgasvorrat Europas: Das ist die Provinz Groningen. Jedoch ist noch vieles aus früheren Zeiten zu sehen. Die vielen alten Warftdörfer entlang der Nordküste zum Beispiel, Eine Anzahl alter ''Borgen'' wurde restauriert; sie genießen den Ruf eines Museums. Das gilt auch unter anderem für Fraeylenborg bei Slochteren, und Menkemaborg bei Uithuizen. In Ter Apel steht eine mittelalterliche Abtei mit einem Kräutergarten, auf dem Gut Nienoord zu Leek das nationale Kutschenmuseum. In der Stadt Groningen regen der Martiniturm aus dem 15. Jahrhundert und ''het peerd van ome Loeks'', von sicherlich neueren Datums, am meisten die Phantasie an. Von Pietersburen kann man das Watt zu Fuß überqueren. In diesem Dorf befindet sich ein Auffangszentrum für Seehunde.

## Friesland

Die friesischen Meere sind das Mekka der niederländischen Wassersportler. Viele Tausende verbringen ihren Sommer hier auf Segel- oder Motorbooten. ''Aldfaers Erf'' ist eine touristische Route in der Gemeinde Wonseradeel, mit einer Reihe restaurierter und antik eingerichteten Bauernhöfe, einer Kirche, einem Laden, einer Schule sowie einer Zimmermannswerkstatt. Besonders aufmerksam wird man auf die wiederhergerichteten Kerne der elf Städte. In Franeker ist das Planetarium Eise Eysingas aus dem 18. Jahrhundert. In der Gruft der evangelischen Kirche zu Wiewerd liegen vier, auf natürliche Weise mumifizierte Leichname aus dem Jahr 1609. Hoogebeintum wurde auf der höchsten Warft der Niederlande gebaut. Der ''Oldehoeve'' der aus dem 16. Jahrhundert stammende schiefe Kirchturm, ist die Handelsmarke Leeuwardens. In Leeuwarden selbst befindet sich das Museum ''De Princessehof'' mit einer der weltberühmtesten Keramikkollektionen. Von Harlingen, Holwerd, und Lauwersoog aus erreicht man die Watteninseln Vlieland, Terschelling, Ameland und Schiermonnikoog. Der Abschlussdeich bildet die Verbindung mit Noord-Holland.

## Die Polder

Typisch niederländisch sind die Polder, niedrig gelegener, köstlicher Ackerboden in der früheren Zuiderzee. Der Nordostpolder wurde in den Kriegsjahren trockengelegt, sowie Zuidelijk und Oostelijk Flevoland. Sie geben einen Eindruck der imponierenden Entwicklung der niederländischen Viehzucht und Ackerbau. Vornämlich in den Flevoländereien, kann man die modernsten Formen der Betriebsführung in der Praxis besichtigen.

# En voyage aux Pay-Bas

Si petits que soient les Pays-Bas, il est impossible de les visiter en quelques jours. Ils sont bien trop variés et pleins de surprises pour cela. Mais pour qui ''veut'' malgré tout les parcourir en quelques jours, voici une liste de monuments et d'attractions touristiques à ne pas manquer, classées par provinces.

## La Hollande du Nord

Le centre de la capitale, Amsterdam, a l'air rempli de monuments, de musées et de théâtres. ''Mokum'' (nom populaire d'Amsterdam) frémit de vie et l'atmosphère qui y règne est unique. Les maisons le long des canaux, qui par leur allure rappellent le Siècle d'Or, sont particulièrement célèbres. Le Monument national sur le Dam et le Parc Vondel sont toujours des points de rencontre pour les jeunes du monde entier. Le Rijksmuseum (Musée d'Etat) possède la plus importante collection du monde de tableaux néerlandais datant du quinzième au dix-neuvième siècles. Le Stedelijk Museum (Musée municipal) quant à lui, abrite une des plus importantes collections d'art moderne. Il ne faut surtout pas manquer de faire un tour en bateau sur les canaux et de visiter Artis, un des plus anciens zoos du monde. On peut aussi visiter le Muiderslot (château Muider) transformé en musée national et qui donne une image splendide de la vie dans un château du Moyen-Âge, Dans les petites villes de Volendam et de Marken on peut voir des souvenirs tangibles de l'ancienne pêche dans la Zuiderzee: les vieux ports, les costumes régionaux et les vieilles demeures. Alkmaar possède un marché aux fromages historique.

## La Hollande du Sud

La Haye est la seule ville des Pays-Bas qui compte deux palais de la maison d'Orange. La Reine Béatrix habite à Huis ten Bosch tandis que Noordeinde est son ''palais de travail''. La Haye est le centre politique des Pays-Bas: on peut visiter les bâtiments abritant les deux Chambres. La Cour Internationale de Justice siège dans la Palais de la Paix.

A Rotterdam on ne peut naturellement pas manquer de visiter le port, le plus grand du monde. Le musée Boymans-Van Beuningen abrite une impressionnante collection de tableaux de maîtres, aussi bien anciens que modernes. Il y a aussi le Zoo Blijdorp.

On trouvera de jolies villes pleines de monuments à Delft, Gouda, Dordrecht et Leiden. Hillegom est le centre de la culture des plantes à bulbe. Les champs de plantes à bulbe autour du château de Keukenhof près de Lisse attirent chaque printemps des dizaines de milliers de visiteurs venant admirer leurs incomparables couleurs.

## La Zélande

En 1953 la Zélande fit la une de l'actualité mondiale. Des centaines de personnes périrent lors d'une terrible inondation. Le plan Delta a pour but d'empêcher un tel désastre de se reproduire. Tous les bras de mer, à l'exception de Westerschelde, sont fermés par des barrages. Ce projet a englouti des milliards, surtout parce que l'on a choisi pour fermer l'Oosterschelde un barrage à piliers ouvert afin de permettre la poursuite de l'ostréiculture dans le Yerseke et de conserver un milieu naturel unique. Les réalisations du plan Delta forment un monument d'architecture hydraulique de premier ordre. On peut aussi admirer d'autres monuments, plus anciens ceux-là, dans de jolies villes telles que Middelburg et Veere.

## Le Brabant du Nord

Le Brabant du Nord, la plus vaste de nos provinces, possède surtout beaucoup de domaines naturels: Biesbos, De Peel, de Kempen, etc... De milliers d'hectares ont été défrichés mais on a conservé de très intéressantes réserves naturelles. Les plus jolies villes sont Breda, Bergen op Zoom et surtout s'Hertogenbosch qui possède en la cathédrale Saint Jean l'une des plus belles églises des Pays-Bas. A Eindhoven, la ville de Philips, se trouve l'Evoluon, le seul musée qui soit plus tourné vers l'avenir que vers le passé. Plus classique mais pas moins passionnant est le musée Van Abbe. Zundert est célèbre pour son corso fleuri de septembre.

L'Efteling près de Kaatsheuvel est l'un des plus anciens parcs d'amusement et n'a toujours rien perdu de son atmosphère féerique. Le Brabant du Nord est aussi la province où les fleuves "font" le paysage.

## Le Limbourg

La province la plus méridionale de notre pays ressemble à un immense monument historique et naturel. On pourra ainsi admirer la vieille ville de Maastricht, les bains romains dans le musée des Thermes à Heerlen ainsi que l'ancienne abbaye Rolduc et le château Oud Ehrenstein à Kerkrade. Mais aussi l'idyllique Geuldal, De Grote Peel -une magnifique réserve naturelle de mille hectares- et le mont Vaalser. Au sommet de celui-ci, on trouvera le point des trois pays (Pays-Bas, Allemagne, Belgique). Valkenburg attire beaucoup de touristes grâce à ses grottes.

## L'Utrecht

Dans cette province on a conservé beaucoup des richesses du passé. Les personnages importants des villes de la Hollande (province) bâtirent leurs maisons de campagne le long du Vecht, à Maarssen, Loenen, Vreeland, Breukelen, etc... On trouve encore de vieux châteaux et de riches propriétés à Maarn, Doorn, Zeist et Haarzuilens. A Soestdijk, le palais royal. A Kockengen, un des plus jolis villages de l'Utrecht, de nombreuses vieilles fermes décorées de boiseries. A Driebergen, le musée de l'Automobile, à Utrecht, un grand nombre de musées. Bunschoten et Spakenburg sont d'anciens villages de pêcheurs, où, les jours de fête, on porte encore les costumes traditionnels. Les Loosdrechtse et

Vinkeveense Plassen (lacs) sont très appréciés par les amateurs de sports nautiques.

## La Gueldre

Dans cette province on peut trouver aussi bien les beautés de la nature que les "beautés culturelles". Le musée de plein-air près d'Arnhem par exemple où l'on peut admirer les styles architecturaux de tous les temps. Ou bien le musée Kröller-Müller avec son incomparable collection de Van Gogh. A Apeldoorn on peut visiter le palais royal Het Loo. Mais ce n'est qu'un des nombreux châteaux ou propriétés que l'on peut trouver dans la Gueldre.

## L'Overijssel

En ce qui concerne les châteaux et autres propriétés, l'Overijssel ne fait pas moins bien que son voisin méridional. Dans le Salland se trouve le musée d'art Het Nijenhuis mais aussi les propriétés Den Alerdinck, de Colckhof, 't Reelaer, le château Kasteel Rechteren au bord de la Vecht et près de Bathem, les propriétés de Bannink et Dorth. A Staphorst beaucoup de gens portent encore le costume régional; l'artisanat est élevé ici au rang d'art populaire. C'est grâce à l'extraction de la tourbe que Giethoorn est devenue la Venise du Nord, avec ses canaux et ses lacs. Il est même possible de faire une promenade en gondole, avec pourtant une différence: une gondole s'appelle ici un "punter". Dans le Twente on peut encore trouver des certaines de fermes saxonnes., Il est par contre resté peu de choses de l'industrie textile qui donnait ici dans la première moitié du vingtième siècle du travail à des milliers de personnes. A Enschede le musée du textile du Twente et de la Gueldre en rappelle le souvenir. Les parcs d'amusement de Slagharen et Hellendoorn quant à eux sont bien de notre époque.

## Le Drenthe

Cette province ne possède pas de grandes villes. Mais la nature magnifique que l'on y trouve compense largement cela. Les forêts et les champs de bruyère sont parcourues de petites routes et de pistes cyclables. Le Drenthe est la province "cyclable" par excellence. Les Quatre Jours à Vélo comptent chaque année une dizaine de milliers de participants. En différents endroits, près de Ruinen par exemple, les champs de bruyère sont encore entretenus par les moutons. Près de Havelte on trouve une bergerie. Les dolmens près de Rolde, Grollo, Borger, Drouwen, etc... nous rappellent les habitants qui vivaient là bien avant le début de notre ère. Dans le village-musée d'Orvelte, on pratique encore des métiers qui ont pratiquement disparu. Borger-compascuüm possède un musée de la tourbe, en partie de plein air. Dans le zoo d'Emmen, on peut admirer des requins dans un grand aquarium marin.

### Le Groningue

Ancienne richesse sur les lourdes terres argileuses, régions tourbières pauvres, régions sableuses prospères et, loin au-dessous de tout cela, les grandes réserves de gaz d'Europe. C'est la province de Groningue. Mais on peut voir aussi beaucoup de choses datant des siècles précédents. Les nombreux villages-tertres le long de la côte par exemple. Un certain nombre de vieux ''borg'' (sorte de château-propriété) ont été restaurés et ont reçu le statut de musée. C'est entre autres le cas de Fraeylemaborg près de Slochteren et Menkemaborg près d'Uithuizen. A Ter Apel se trouve un cloître moyen-âgeux avec un jardin de simples et dans la propriété de Nienoord près de Leek le musée national de la voiture. A Groningue on admirera la Martini-toren (quinzième siècle) et ''het Peerd van Ome Loeks'' (beaucoup plus récent). Depuis Pieterburen il est possible de traverser le Wad à pied. Dans ce village se trouve aussi une crèche pour phoques.

### La Frise

Les lacs frisons sont le paradis des amateurs de sports nautiques. Des milliers y passent leurs vacances sur leurs bateaux à voile et à moteur. Aldfaers Erf est une route touristique située dans la commune de Wonseradeel. Le long de cette route se trouvent une série d'anciennes fermes restaurées et décorées comme autrefois, une église, des boutiques, une école et un atelier de charpentier. Les onze villes avec leurs centres restaurés attirent tout spécialement l'attention. A Franeker on peut visiter le Planétarium de Eise Eisinga datant du seizième siècle. Dans le caveau de l'église réformée de Wieuwerd se trouvent quatre cadavres du seizième siècle, qui se sont mommifiés naturellement. Hoogebeintum est construit sur le tertre le plus élevé existant encore aux Pays-Bas. L'Oldehove, un clocher penché du seizième siècle, est l'emblème de Leeuwarden. On peut aussi y visiter le Princessehof, musée qui abrite l'une des plus belles collections de céramiques du monde. A partir de Harlingen, Holwerd et Lauwersoog on peut atteindre quatre des cinq îles Wadden: Vlieland, Terschelling, Ameland et Schiermonnikoog. L'Afsluitdijk forme la liaision avec la Hollande du Nord.

### Les polders

Les polders sont typiquement néerlandais: ce sont de magnifiques terres agricoles situées dans l'ancienne Zuiderzee. Le Noordoostpolder (polder du nord-est) asséché pendant la guerre, le Flevoland de l'Est et de l'Ouest.
Ils permettent de se rendre compte du développement incroyable de l'agriculture et de l'élevage néerlandais. C'est notamment dans les deux Flevoland que l'on peut admirer les formes les plus modernes d'exploitation.

# De viaje por Holanda

A pesar de lo pequeño que es Holanda, resulta imposible de explorar en un par de días. Para ello es demasiado vasto y hay demasiados sitios pintorescos que aparecen de forma inesperada. Para el que de todas formas quiera recorrer el país en un par de días exponemos a continuación una lista de monumentos y atractivos turísticos por provincia que normalmente nadie debe perderse.

## Holanda Septentrional

El centro de la capital Amsterdam parece estar lleno de museos, teatros y monumentos. Este ''Mokum'' rebosa de vida y en él se respira un ambiente único. Son famosas las casas señoriales de los canales que con su hermosura nos recuerdan la Edad de Oro. El monumento nacional de la plaza del Dam y el parque Vondelpark continúan siendo un lugar de encuentro de jóvenes de todas partes del mundo. El Rijksmuseum contiene la más extensa colección del arte pictórico holandés de los siglos quince al diecinueve; el museo Stedelijk alberga una de las más grandes colecciones de arte moderno. De gran placer es una visita a Artis, uno de los parques zoológicos más antiguos del mundo así como un paseo en barco por los canales de la ciudad.

En la Holanda Septentrional encontramos también el castillo, que hace las veces de museo, de Muiderslot y que nos dá una idea precisa de la vida de la Edad Media dentro del castillo. En las viejas ciudades de Volendam y Marken encontramos abundantes recuerdos de la industria pesquera del Zuiderzee: viejos puertos, vestidos tradicionales y viejas viviendas holandesas. Alkmaar alberga un histórico mercado del queso.

## Holanda Meridional

La Haya es la única ciudad en Holanda que tiene dos palacios de la Casa de Orange. La Reina Beatriz vive en el palacio Huis ten Bosch, el palacio Noordeinde es su residencia de trabajo. La Haya es el centro político del país: los edificios del Parlamento se pueden visitar. El Tribunal Internacional tiene su sede en el palacio de la Paz.

Rotterdam tiene naturalmente su puerto marino, el mayor del mundo. El museo Boymans-Van Beuningen contiene una impresionante colección de arte de nuevos y viejos artistas. También tiene el parque zoológico llamado Blijdorp. Dentro de poco se inaugurará un museo que albergará toda la moderna arquitectura. Interesantes centros urbanísticos con muchos monumentos los encontramos en Delft, Gouda, Dordrecht y Leiden. Hillegom es el centro del cultivo de bulbos. Los campos de bulbos alrededor del castillo De Keukenhof en Lisse atráen con su rico colorido a decenas de miles de turistas anualmente.

## Zelanda

Zelanda apareció en las noticias mundiales en 1.953. Durante unas inundaciones perdieron aquí la vida cientos de personas. Los trabajos del Delta deben prevenir la repetición de un desastre semejante. Todos los brazos de mar, menos el Westerschelde, son cerrados con diques. Este es un proyecto que cuesta enormes millones sobretodo porque para el cierre del Oosterschelde se ha elegido un sistema de diques abiertos para así preservar el cultivo de ostras y mejillones de Yerseke. Los trabajos del Delta en si mismo forman un monumento de primer orden de la ingeniería hidráulica.

Hay también monumentos antiguos de otros siglos y que podemos encontrar en ciudades como Middelburg y Veere.

## Brabante Septentrional

Brabante Septentrional es, en cuanto extensión,

231

una de las mayores provincias. Ofrece una belleza incomparable sobretodo en el Biesbos, De Peel y De Kempen. Miles de hectáreas han sido roturadas para el cultivo pero a pesar de ello se han conservado parques naturales. Las ciudades más bonitas son Breda, Bergen op Zoom y sobre todo Bois-le-Duc que tiene en la catedral de Sint Jan una de las iglesias más hermosas de Holanda. En Eindhoven, la ciudad de la Philips, encontramos el Evoluon que es el único museo que cuenta más del futuro que del pasado. De importancia nacional para la escultura es el museo Van Abbe. Zundert es conocido por su cortejo florido anual en septiembre. El Efteling en Kaatsheuvel es uno de los parques de atracciones más viejos de Holanda y en el cual el ambiente de cuentos y sueños no se pierde nunca. El Brabante Septentrional es también la provincia de los grandes rios lo que determina hasta nuestros días el paisaje de la provincia.

## Limburgo

Es la provincia más meridional del país y parece ser un gran monumento histórico cultural. Como ejemplos podemos citar el viejo centro urbanístico de Maastricht, el edificio de los baños romanos en el museo Thermen de Heerlen, la vieja abadía Rolduc y el castillo Oud Ehrenstein en Kerkrade. Pero encontramos también ahí el idílico Geuldal; el parque natural de miles de hectáreas llamado De Grote Peel y el Vaalserberg. En esta montaña, la más alta de Holanda se encuentra también el llamado punto de los tres paises. Las cuevas de Valkenburg atraen a miles de turistas.

## Utrecht

La provincia de Utrecht ha conservado mucha riqueza procedente del pasado. Los patricios provenientes de las ciudades holandesas construyeron sus residencias de campo a lo largo del Vecht, entre otros en Maarssen, Loenen, Vreeland y Breukelen. En Maarn, Doorn, Zeist y Haarzuilens encontramos aún viejos castillos y residencias. En Soestdijk se encuentra el Palacio Real. En Kockengen, uno de los pueblos más bonitos de Utrecht, encontramos muchas casas de campo con artísticos grabado en la

madera. En la ciudad Utrecht hay numerosos de museos. En las viejas ciudades pesqueras de Bunschoten y Spakenburg se lleva aún la indumentaria típica del pueblo en los días de fiesta. Los lagos de Loosdrecht y Vinkeveen son muy apreciados por los amantes de los deportes de agua.

## Güeldres

Junto a una maravillosa naturaleza Güeldres posee también dentro de las fronteras de la provincia, la suficiente diversión y materia cultural. El museo al aire libre en Arnhem por ejemplo, donde se conservan y se pueden ver estilos arquitectónicos de todos los tiempos. O el museo Kröller-Müller con una colección incomparable de cuadros de Van Gogh. En Apeldoorn se puede visitar el palacio real Het Loo. Por cierto que es uno solamente de los muchos castillos y residencias que se encuentran en esta provincia.

## Overijssel

Esta provincia no desmerece en castillos y residencias a su provincia meridional vecina. En Salland encontramos el museo de arte Het Nijenhuis, pero también Den Alerdinck, el Colckhof, 't Reelaer, a la orilla del Vecht el castillo Rechteren y en Bathem las residencias De Bannink y Dorth. En Staphorst mucha gente continúa llevando aún sus trajes típicos; el trabajo artesano se ha convertido aquí en el arte del pueblo. Giethoorn se ha convertido por causa de la explotación de la turba en la Venecia del norte con sus canales y lagos. Incluso es posible un paseo en góndola, aunque la góndola se llama en Giethoorn "punter". En Twente se encuentran aún cientos de casas de campo característicamente sajonas. De la industria textil de Twente no ha quedado casi ni recuerdo, y eso que en la primera mitad de nuestro siglo esta industria dió trabajo a miles de personas. Los recuerdos de estos tiempos se conservan en el museo Textil en Enschede. Totalmente de nuestros días son los parques de atracciones de Slagharen y Hellendoorn.

## Drenthe.

Esta provincia no posee grandes y viejas ciudades.

Pero ello es suplido adecuadamente por la maravillosa naturaleza. Los bosques y campos estan cruzados por todas partes por caminitos y senderos para bicicletas. Drenthe es la provincia de las bicicletas por excelencia. Los cuatro días de paseo de bicicleta cuentan anualmente con miles de participantes.

En distintos lugares los brezales son aún cuidados por medio de rebaños de ovejas, como por ejemplo en Ruinen. En Havelte se encuentra un redil. Los dólmenes de Rolde, Grollo, Borger, Drouwen y algunos otros lugares nos recuerdan a habitantes de mucho antes del comienzo de la cuenta de los años. En el pueblo museo de Orvelte se practican aún oficios casi extinguidos actualmente. En Bargercompascuüm encontramos un museo de la turba, en parte al aire libre. El parque zoológico de Emmen nos deja ver enormes tiburones dentro de un acuario de agua marina.

## Groninga

Viejo reino sobre suelo de fango, regiones pobres de turba y ricas de arena con, muy lejos dentro del suelo, la mayor reserva de Europa de gas natural. Así es la provincia de Groninga. Pero hay también mucho que ver de siglos pasados. Los pueblos llamados de cerro a lo largo de la costa del norte por ejemplo. Unas cuantas residencias antiguas han sido restauradas y se les ha dado la consideración de museos. Como ejemplos podemos nombrar entre otras a Fraeylemaborg en Slochteren y Menkemaborg en Uithuizen. En Ter Apel hay un monasterio de la Edad Media con su jardín de hierbas; en la residencia Nienoord en Leek se encuentra el Museo Nacional de carruajes. En la ciudad Groninga podemos admirar la torre Martini que data del siglo quince y el caballo denominado "het peerd van ome Loeks" de fecha mucho mas reciente. Desde Pieterburen se pueden atravesar los arenales del "wad" a pie. En este pueblo se encuentra también un asilo para focas.

## Frisia

Los mares frisios son el paraíso de los amantes de los deportes naúticos. Miles de personas pasan los veranos en sus barcos de vela o motor. Aldfaers Erf es una ruta turística del ayuntamiento de Wonseradeel con una serie de casas de campo, totalmente restauradas y amuebladas de estilo, una iglesia, una tienda, una escuela y carpintería. En Franeker encontramos el Planetarium de Eise Eisinga que data del siglo dieciocho. En los sótanos de la iglesia protestante de Wieuwerd se conservan cuatro cuerpos momificados que tienen fecha de 1.609. Hoogebeintum fué construido en el cerro mas alto de Holanda. La torre inclinada Oldehove, construida en el siglo dieciseis, es el signo característico de Leeuwarden. Allí se encuentra también el museo Het Princessehof, con una de las colecciones de cerámica mas importantes del mundo. Desde Harlingen se puede llegar a las islas Wadden de Vlieland, Terschelling, Ameland y Schiermonnikoog.

El dique Afsluitdijk forma la conexión con Holanda Septentrional.

## Los Pólderes

Los pólderes son típicamente holandeses, buena tierra de cultivo situada a bajo nivel que constituía antiguamente el Zuiderzee. El pólder del Noreste (Noordoostpolder) (secado en los años de la guerra), Flevoland del este y del sur (Oostelijk en Zuidelijk Flevoland).

Estos pólderes nos dan una impresión del desarrollo fenomenal de la ganadería y agricultura holandesa. Sobretodo en el Flevoland se puede admirar las más modernas formas de poner en práctica una empresa de este tipo.

# In giro per l'Olanda

Per quanto piccola sia l'Olanda, riuscire a visitarla per intero in pochi giorni è un'impresa impossibile, soprattutto per i molti aspetti diversi e i mille posti degni di nota che la caratterizzano. Se nonostante ciò si desidera "esplorarla" in un paio di giorni, quella che segue è una lista delle attrazioni turistiche e dei monumenti da non perdere suddivisi per provincia.

### Olanda Settentrionale

Il centro della capitale, Amsterdam, conta innumerevoli musei, teatri e monumenti. Esso è comunemente chiamato "Mokum" ed è una zona fervente di vita e attività in cui si respira un'atmosfera davvero unica. Particolarmente famose sono le case costruite lungo i canali, che ricordano gli splendori del Secolo d'oro (il diciassettesimo). Il Monumento nazionale di piazza Dam è, insieme al Vondelpark, il punto di ritrovo preferito dai giovani di tutto il mondo. Il Rijksmuseum possiede la più grande collezione di pittura olandese del mondo comprendente dipinti realizzati tra il quindicesimo e il diciannovesimo secolo, mentre lo Stedelijk ha una delle maggiori raccolte di opere d'arte moderna. Da fare assolutamente, il giro in battello sui canali e una visita all'Artis, uno dei più vecchi giardini zoologici del mondo.

Le antiche cittadine Volendam e Marken sono rimaste ancora come ai tempi in cui erano villaggi di pescatori affacciati su quello che allora si chiamava Zuiderzee: vecchi porti, costumi tipici e abitazioni caratteristiche dell'Olanda di un tempo. Alkmaar è invece conosciuta per il suo famoso mercato storico del formaggio.

### Olanda Meridionale

L'Aia è l'unica città in cui vi siano ben due palazzi della famiglia reale olandese. La regina Beatrice vive in quello chiamato Huis ten Bosch, mentre Noordeinde è il suo "ufficio". L'Aia è il centro della vita politica olandese, e i palazzi delle due Camere meritano una visita. La Corte internazionale di giustizia si trova all'interno del Vredespaleis (Palazzo della pace).

Rotterdam è naturalmente famosa per il suo porto marittimo, il più grande del mondo. Sono da visitare il museo Boymans-Van Beuningen, che ospita una splendida collezione di capolavori antichi e moderni, e il giardino zoologico Blijdorp.

I centri delle città Delft, Gouda, Dordrecht e Leida sono di particolare interesse per i loro molti monumenti, mentre Hillegom è il cuore della zona in cui si coltivano le piante da bulbo. Con i loro splendidi colori, le coltivazioni di fiori che circondano il castello De Keukenhof a Lisse attirano ogni anno decine di migliaia di visitatori.

### Zelanda

La Zelanda acquistò notorietà mondiale nel 1953, anno in cui centinaia di persone persero la vita durante una terribile inondazione. Il cosiddetto piano Delta è stato progettato proprio per evitare che si ripeta una tragedia di tale entità. Tutti i bracci di mare all'infuori della Schelda occidentale sono stati chiusi con delle dighe. Si è trattato di un progetto in cui sono stati spesi miliardi, soprattutto perché per sbarrare la Schelda orientale si è deciso di realizzare una diga a "saracinesche" apribili in modo da mantenere un ambiente ecologico unico e non arrecare danni agli allevamenti di ostriche di Yerseke. Quanto realizzato con il piano Delta è nel suo insieme un vero e proprio monumento di ingegneria idraulica. Monumenti dei secoli passati si possono invece vedere nelle belle cittadine Middelburg e Veere.

### Brabante Settentrionale

Il Brabante Settentrionale, per estensione la provincia più grande, con il Biesbos, De Peel e De Kempen offre soprattutto grandi bellezze naturali. Migliaia di ettari sono stati bonificati, ma vi sono ancora splendidi parchi naturali. Le città di maggiore interesse sono Breda,

Bergen op Zoom e soprattutto 's-Hertogenbosch con la cattedrale di San Giovanni, una delle più belle d'Olanda. Ad Eindhoven è di particolare interesse il museo Van Abbe. Zundert è celebre per la sfilata di carri floreali che si tiene ogni anno a settembre. De Efteling presso Kaatsheuvel è uno dei più vecchi e rinomati parchi di divertimenti che conserva sempre intatta la sua atmosfera da fiaba. Il Brabante Settentrionale è anche la provincia nella quale i grandi fiumi influiscono tuttora sull'aspetto del paesaggio.

## Limburgo

La provincia più a sud del Paese è ricca per cultura e storia naturale. Si possono visitare il centro antico di Maastricht, le antiche terme romane trasformate in museo ad Heerlen, la vecchia abbazia Rolduc e il castello Oud Ehrenstein di Kerkrade, nonché bellezze naturali quali il Geuldal, lo splendido parco naturale di migliaia di ettari De Grote Peel e Vaalserberg, la collina più alta d'Olanda su cui si trova la cittadina di Valkenburg, famosa per le sue grotte.

## Utrecht

Nella provincia Utrecht sono rimaste molte preziose testimonianze del passato. Le ricche famiglie olandesi hanno costruito le loro ville lungo il fiume Vecht in cittadine quali Maarsen, Loenen, Vreeland e Breukelen. Si possono ancora trovare antichi castelli e tenute a Maarn, Doorn, Zeist e Haarzuilens.
Bunschoten e Spakenburg sono invece antichi villaggi di pescatori nei quali è ancora possibile vedere la gente del posto abbigliata in costume locale. I laghi presso Loosdrecht e Vinkeveen sono particolarmente apprezzati dagli amanti degli sport nautici.

## Gheldria

Oltre alle molte bellezze naturali, la Gheldria ha tutto quanto è possibile offrire per quel che riguarda il divertimento e la cultura. Il museo all'aperto presso Arnhem, ad esempio, è un vero e proprio tesoro di stili architettonici di ogni tempo. Assolutamente da non perdere è il museo Kröller-Müller con la sua impareggiabile collezione di Van Gogh. Ad Apeldoorn si può visitare il palazzo reale Het Loo, uno dei molti castelli con tenuta di cui è ricca la Gheldria.

## Overijssel

In fatto di castelli e tenute, l'Overijssel è di poco inferiore al suo vicino del sud. Nel Salland vi è il museo d'arte Het Nijenhuis nonché Den Alerdinck, de Colckhof, 't Reelaer, mentre lungo il fiume Vecht si trova il castello Rechteren e presso Bathem sono situate le tenute De Bannink e Dorth. Molti degli abitanti di Staphorst continuano ad indossare i costumi caratteristici, elevando così ad arte popolare le tradizioni. Grazie all'estrazione della torba, Giethoorn, con i suoi canali e piccoli specchi d'acqua, è stata soprannominata la Venezia del nord. E' persino possibile effettuare un giro in gondola, con la sola differenza che a Giethoorn tale imbarcazione si chiama "punter". Nel Twente vi sono ancora centinaia di caratteristiche fattorie sassoni, mentre è sopravvissuto poco dell'industria tessile caratteristica di tale zona, che ancora nella prima metà di questo secolo dava lavoro a migliaia di persone. Quel che rimane di tale antica attività è conservato nel Twents-Gelders Textielmuseum di Enschede. Molto moderni, invece, sono i parchi di divertimenti presso Slagharen e Hellendoorn.

## Drenthe

Nel Drenthe non vi sono città grandi e antiche, ma tale "mancanza" viene compensata dalla splendida natura tipica della zona, caratterizzata dai molti boschi e distese di erica attraversati da viottoli e dai percorsi per la biciclette. Il Drenthe è la provincia in cui la bicicletta rappresenta il mezzo di trasporto per eccellenza e la quattro giorni ciclistica richiama ogni anno decine di migliaia di partecipanti.
In diversi posti la brughiera viene ancora "curata" dal brucare delle pecore, tra l'altro presso Ruinen; nei dintorni di Havelte vi è un ovile. I dolmen nei pressi di Rolde, Grollo, Borger, Drouwen e di alcune altre località sono la testimonianza della presenza degli antichissimi abitanti della zona. Nel villaggio-museo Orvelte vengono esercitate attività artigianali quasi dimenticate altrove, mentre a Barger-Compascum si può visitare il museo dei laghetti, parzialmente all'aperto. Nel giardino zoologico di Emmen si possono ammirare gli squali che nuotano in un grande acquario marino.

## Groninga

L'antica ricchezza fiorita su terreni argillosi, laghetti e zone sabbiose al di sotto dei quali si trova il maggior giacimento di gas naturale d'Europa caratterizza la provincia Groninga. Oltre a ciò, vi sono anche diverse testimonianze del passato, ad esempio i molti villaggi antichi lungo la costa nord. Diverse vecchie fortezze sono state restaurate e dichiarate musei; tra di esse, Fraeylemaborg presso Slochteren e Menkemaborg nei dintorni di Uithuizen. A Ter Apel vi è un convento medievale con un orto per la coltivazione delle erbe aromatiche e nella tenuta Nienoord a Leek il museo nazionale delle carrozze. Nella città di Groninga, la fantasia dei visitatori viene colpita in modo particolare dalla torre Martini, costruita nel quindicesimo secolo, e dal "Peerd van Ome Loeks". Da Pieterburen si può attraversare a piedi il "wad"; in tale villaggio si trova anche un famoso ricovero per foche malate.

## Frisia

I laghi della Frisia rappresentano la mecca degli amanti degli sport nautici olandesi, che a migliaia trascorrono l'estate sulla propria imbarcazione a vela o a motore. Aldfaers Erf è un itinerario turistico del comune di Wonseradeel comprendente una serie di fattorie antiche ben restaurate, una chiesa, un negozio, una scuola e una bottega di falegnameria. Le undici città della provincia con i loro antichi centri restaurati meritano particolare considerazione. A Franeker vi è il Planetarium di Eise Eisinga del diciottesimo secolo. Nella cripta della chiesa protestante di Wieuwerd sono conservati quattro corpi che hanno subìto un processo di mummificazione naturale e che risalgono al 1609. Hoogebeintum è costruita sul più alto rialzo tuttora esistente in Olanda. De Oldehove, un campanile inclinato risalente al sedicesimo secolo, caratterizza Leeuwarden, città in cui si trova anche il museo Princessehof che ospita una delle più importanti collezioni di oggetti in ceramica del mondo. Da Harlingen, Holwerd e Lauwersoog si possono raggiungere le isole Vlieland, Terschelling, Ameland e Schiermonnikoog.

## I polder

Tipicamente olandesi sono i polder, distese di prezioso terreno coltivabile ricavate da quello che una volta era lo Zuiderzee: il Noordoostpolder (bonificato durante la seconda guerra mondiale) e il Flevoland Orientale e Meridionale.

Essi sono un ottimo esempio di come l'allevamento di bestiame e l'agricoltura si siano eccezionalmente sviluppati in Olanda. Soprattutto nel Flevoland si può vedere come in tali rami dell'economia vengano applicati i metodi più moderni.

# オランダへの誘い

オランダがいくら小さくとも、この国を 2〜3日で見尽くすことは不可能です。あまりにも多種多様で、思いもよらない名所名跡が多すぎるからである。それにもかかわらずこの国を数日で見たい場合は、ここに挙げられている州別の見逃すことが出来ない遺跡や観光行事を参考にすることが出来る。

## Noord-Holland

首都 Amsterdamの市街は美術館、博物館、劇場、遺跡が所狭しと立ち並んでいるようである。
Mokumu（Amsterdam の別名）は生気に溢れ独特な雰囲気を漂わせている。運河沿いの建物は有名で黄金時代（17世紀）の面影を見ることが出来る。
Dam にある国立記念碑は Vondelpark と共に世界各地の若者の出会いの場である。国立美術館は15世紀から19世紀までのオランダ絵画の世界で最も豊富なコレクションを持ち、市立近代美術館は近代美術の収集大家である。遊覧船による運河巡りと世界で古い動物園の一つであるArtis を見逃すことは出来ない。
古い小都市 Volendam やMarkenでは旧 Zuiderzee 漁村の貴重な面影が、古い港、民族衣装、古いオランダの民家に見られる。Alkmaar には伝統的なチーズ市場が立つ。

## Zuid-Holland

Den Haag はオランダで二つの皇室宮殿を持つ唯一の都市である。Beatrix 女王はHuis ten Bosch に住まわれ、Noordeindeにて公務をとっている。
Den Haagは、オランダの政治の中心地である。上院・下院の議事堂は一見の価値がある。国際司法裁判所は平和宮にある。
Rotterdam は勿論世界最大の港で有名である。美術館 Boymans-Van Beuningenは印象的な新旧の傑作を収集している。
多くの遺跡を持つ美しい市街地は Delft、Gouda、Dordrecht、Leidenに見られる。Hillegomは球根栽培の中心地である。Lisse 近くの Keukenhof城周囲の球根栽培地に毎春何万もの人がこのうえ無い

色の祭典に訪れる。

## Zeeland

Zeeland は1953年に世界に報道された。大洪水により何百人もの命が奪われたからである。デルタプランはこの様な災害の再発を防ぐ為である。
Westerschelde 以外すべての入江がダムによって閉じられた。全デルタプランは最高水準の土木工事記念碑である。
遺跡も勿論 Middelburg や Veereの美しい都市で見られる。

## Noord-Brabant

最大の広さをもつ州 Noord-Brabantには自然の美しさを持つ Biesbos、De Peel、De Kempenがある。
魅力的な都市は Breda、Bergen op Zoom、そしてオランダで最も華麗な教会の一つに数えられるSint Janskathedraalがある's-Hertogenboschである。
Eindhoven には Van Abbe 博物館があり、Zundert は九月に催される恒例のフラワーパレードで有名である。Noord-Brabant は今日に至まで景色を大河川によって造られている州でもある。

## Limburg

オランダ最南端の州は大史跡名勝地である。
Maastrichtの古い市街、Heerlen の Thermen博物館のローマ帝政時代の浴場、Kerkradeの旧修道院Rolducと Oud Ehrenstein 城、そしてロマンチックな丘陵地Geuldal、美しい千ヘクタールの広い自然保護地De Grote Peel とVaalserberg。オランダで一番高い丘は三ヶ国の点と呼ばれ、三ヶ国の国境である。Valkenburgの洞窟は多くの観光客に訪れられている。

## Utrecht

Utrecht 州には多くの過去の栄光が保存されている。旧Holland の都市の貴族達は、Maarssen、Loenen、Vreeland、Breukelen 等の都市でVecht 流域沿いに別荘を建てた。Maarn、Doorn、Zeist そしてHaarzuilens にはまだ古い城や邸宅が残っ

ている。古い漁村の Bunschoten や Spakenburg で
はお祭りにまだ民族衣装が着られる。Loosdrecht
や Vinkeveen の湖沼は水上スポーツ人気の地でも
ある。

## Gelderland

限り無く美しい風景に富んでいる Gelderland に
は同時に娯楽・文化施設もある。Arnhem の近くに
は例えばあらゆる時代の建物を備えた野外博物館
がある。Otterlo の Kroller-Muller 美術館は Van
Gogh の豊富なコレクションで有名である。
Apeldoorn の宮殿 Het Loo は必見である。それは
多くの田園邸宅や城に恵まれている Gelderland の
一つにしかすぎない。

## Overijssel

城や田園邸宅に関しては Overijssel は南部の州
に劣らない。Salland 地方には芸術博物館 Het
Nijenhuis があり、そして Colckhof,'t Reelaer、
Den Alerdinck がある。Rechteren 城が Vecht 流
域にあり、Bathem には田園邸宅 De Bannik、Dorth
が見られる。Staphorst ではまだ民族衣装を着て
いる人をよく見かける。職人技工はここでは民族
工芸にまで発展した。Giethoorn は泥炭採掘によ
る水路や湖沼などから、北のヴェネチアと呼ばれ
ている。ゴンドラ遊覧も可能であるが、唯一の違
いはゴンドラは Giethoorn では"punter"と呼ばれ
る。Twente 地方にはまだ何百とザクセン風の農家
が残っている。現在わずかに残っているにすぎな
いものは、今世紀前半には何千人もが携わってい
た Twente 織物産業である。その面影を Enschede
にある Twents-Gelders 織物博物館でうかがえる。
完全にこの時代のものとしては、Slagharen や
Hellendoorn にある遊園地が挙げられる。

## Drenthe

大きな古い都市は Drenthe には見られない。しか
し素晴らしい自然により充分満たされている。森
やヒース原野はいたるところ細い小道や自転車道
によって切り裂かれている。Drenthe はサイクリ
ングには最適な州である。自転車四日間大会では
毎年数万人の参加者を数える。
Ruinen 付近などのヒース原野はまだ羊の力によっ
て維持されている。Havelte にはその羊小屋があ
る。Rolde、Grollo、Borger、Drouwen や他数か
所に残っている石塚 hunebed は紀元前幾世紀かの
住人を偲ばせてくれる。村そのものが博物館であ

る Orvelte では、ほとんど消滅しかけている職人
技工がまだ引き続かれている。Barger-Compascum
には一部野外になっている泥炭博物館がある。
Emmen にある動物園の大海洋水族館では巨大な鮫
に驚かされる。

## Groningen

粘土質の土地には昔からの裕福な農家、泥炭質に
は貧乏人、砂地の土地には富豪、そしてその地下
深くにはヨーロッパ最大の天然ガス貯蔵。これが
Groningen 州である。しかしそれ以外にも多くの
古き昔のものが見られる。例えば、北部沿岸には
昔堤の上に建てられた多くの村が見られる。いく
つかの古い要塞は修復され、博物館として存在し
ている。Slochteren にある Fraeylemaborg や
Uithuizen にある Menkemaborg が例としてあげら
れる。Ter Apel には香・薬草園を持つ中世の修道
院が、Leek にある田園邸宅 Nienoord には馬車博
物館がある。Groningen 市では15世紀の Martini
塔とかなり近代のもので Peerd van ome Loeks が
印象的である。Pieterburen から干潟 wad を歩い
て渡ることが出来る。またこの村にはアザラシの
保育所がある。

## Friesland

Friesland の湖はオランダの水上スポーツのメッ
カである。何千人もの人が、夏ここで帆船やモー
ターボートを楽しみに来る。Wonseradeel 市にあ
る Aldfaers Erf は修復され昔の状態に保たれて
いる農家、教会、店、学校、大工の仕事場が集ま
り観光コースとなっている。特に注目に値するも
のは、修復された旧市街地を持つ11都市である。
Franeker には18世紀に建てられた Eise Eisinga
のプラネタリウムがある。
Hoogebeintum はオランダで一番高い堤の上に建て
られた村である。17世紀に建てられた教会の斜塔
Oldehove は Leeuwarden の名物である。この都市
には世界でも名高い Princessehof 陶器博物館が
ある。

### 干拓地

典型的なオランダの風物は干拓地である。海面よ
り低く昔 Zuiderzee であった良質な農業地は：東
Flevoland、南 Flevoland、Noordoostpolder である。
そこではオランダの酪農や耕作農業の驚くべき発
展をかいま見ることが出来る。得に Flevoland 地
域では最新式の農業事業が実際に発揮されている
様子がうかがえる。

*Ruïne van kasteel Brederode*

*The ruins of Brederode-castle*

*Ruine des Schlosses Brederode*

*La ruine du château Brederode*

*Las ruinas del castillo de Brederode*

*Le rovine del castello di Brederode*

*Brederode* 城の廃墟

De burcht van Haamstede

The burgh of Haamstede

Die Burg Haamstede

Le burgh à Haamstede

El alcázar de Haamstede

La fortezza di Haamstede

Haamstede の要塞

Ver voor het begin van onze jaartelling bouwden de hune-
bedbouwers deze imponerende stenenverzameling: een hunebed. Hoe de primitieve stammen deze loodzware keien
transporteerden is nog steeds een raadsel

Long before our era the megalithic tomb builders built this
impressive collection of stones: a megalithic tomb. How the
primitive tribes transported these incredibly heavy stones is
still a mystery

Lange vor dem Beginn unserer Zeitrechnung errichteten die
Erbauer der Hünengräber diese imposante Steinesamm-
lung: ein Hünengrab. Wie die primitiven Völker diese
enorm schweren Steine transportierten, bleibt noch immer
ein Rätsel

Bien avant le début de notre ère, les constructeurs de dolmens élevèrent cet imposant édifice de pierres: un dolmen.
Comment ces tribus primitives purent-elles transporter des
blocs d'un tel poids, cela reste une énigme

Mucho antes del comienzo de nuestra era construyeron los
arquitectos hunos esta imponente colección de piedras: un
dolmen. La manera que usaron estos pueblos primitivos
para transportar estas pesadas piedras continua siendo una
incógnita en nuestros días

Molto prima dell'inizio della nostra era venne innal-
zata questa imponente struttura di pietra: un dolmen.
Come le t ribù primitive riuscissero a trasportare
massi di tale peso resta ancora un mistero

紀元前幾世紀かに巨石文化人はこの興味深い石塚を
造った：hunebed 。如何にして古代人がこれらの巨
石を運んだかは謎である

Urk – vroeger een eiland in de Zuiderzee, maar sinds de drooglegging van de Noordoostpolder deel van het vasteland. Nog steeds een vissersplaats – in tegenstelling tot de boerendorpen in de polder

Urk, in the past an island in the Zuiderzee, but part of the mainland since the draining of the Noordoostpolder. Still a fishing village, in contrast to the farming villages in the polder

Urk – früher eine Insel in der Zuiderzee – ist seit der Trockenlegung des Noordoostpolders Teil des Festlands. Im Gegensatz zu den Bauerndörfer im Polder, blieb es ein Fischerdorf

Urk, autrefois une île de la Zuiderzee, fait maintenant partie de la terre ferme: la cause en est l'assèchement du Noordoostpolder. C'est toujours un village de pêcheurs, par opposition aux villages de paysans du polder

Urk, antes era una isla en el Zuider Zee y ahora desde el secado del pólder Noordoost parte de tierra firme. Continúa siendo un pueblo de pescadores en contraste con los pueblos campesinos del pólder

Urk, in passato un'isola nello Zuiderzee, ora è parte della terraferma dopo il prosciugamento del Noordoostpolder. Rimane tuttora un villaggio di pescatori, in netto contrasto con i paesi contadini del polder

Urk, 昔はZuiderzee に浮かぶ島であったが Noordoostpolderの干拓により今は大陸の一部である。干拓地の農村と対象をなして今もって漁村である

De Afsluitdijk, gerealiseerd in 1933, verbindt Friesland en Noord-Holland met elkaar. Door de aanleg ervan verdween de Zuiderzee: het IJsselmeer ontstond, waar de werking van eb en vloed geen bedreiging meer vormde voor het vasteland

The Afsluitdijk, built in 1933, connects Friesland with North-Holland. The Zuiderzee disappeared due to its construction: the IJsselmeer was created, where the effects of high tide and low tide no longer formed a threat to the mainland

Der Abschlussdeich, 1933 verwirklicht, verbindet Friesland und Noord-Holland miteinander. Durch dessen Anlegung verschwand die Zuiderzee: Das IJsselmeer entstand, womit der Einfluß von Ebbe und Flut für das Festland keine Bedrohung mehr war

L'Afsluitdijk, terminée en 1933, relie la Frise et la Hollande du Nord. Ainsi disparut la Zuiderzee et naquit l'IJsselmeer, où les marées ne menacent plus la terre ferme

El dique Afsluitdijk, acabado en 1933, une Frisia con Holanda Septentrional. Con la construcción de este dique desapareció el Zuider Zee y nació el IJsselmeer donde el flujo y reflujo no representan ninguna amenzana para la tierra firme

L'Afsluitdijk, realizzata nel 1933, collega la Frisia e l'Olanda Settentrionale. Con la sua costruzione scomparve lo Zuiderzee e nacque l'IJsselmeer, le cui maree non rappresentano più una minaccia per la terraferma

Afsluitdijk 、1933年に完成、はFriesland とNoord-Holland を繋いでいる。この堤防完成により Zuiderzeeが姿を消し、湖IJsselmeerが造られ満潮・干潮の影響が大陸側に脅威を及ぼすことが無くなった

*Uit Den Helder vertrekt de veerboot naar Texel, een van de vijf Waddeneilanden*

*The ferry to Texel leaves from Den Helder; Texel is one of the five islands north of Holland*

*Von Den Helder läuft das Fährschiff aus nach Texel, einer der 5 Watteninseln*

*Le ferry pour Texel, une des cinq îles Wadden, part de Den Helder*

*De Den Helder sale el transborbador hacia Texel, una de las cinco islas del Wadden*

**Il traghetto per Texel, una delle cinque isole Frisone olandesi, salpa da Den Helder**

Den HelderからフェリーがTexel に出航する、 Wadden 5 島の 1 島である

*Verscholen in het groen, de achttiende eeuwse state 'De Klinze' in Oudkerk (Friesland). Een schitterend landhuis in de rustieke sfeer van een aangelegd park*

*Hidden in the greenery, the eighteenth century mansion 'De Klinze' in Oudkerk (Friesland). An excellent country-house in the rustic atmosphere of a landscaped park*

*Verborgen im Grünen der Edelsitz 'De Klinze' in Oudkerk (Friesland). Ein wundervolles Landhaus in der ländlichen Stimmung eines angelegten Parks*

*Caché dans la verdure, le state de Klinze du 18ème siècle à Oudkerk (Frise). Un magnifique domaine nobilaire situé dans l'ambiance rustique d'un parc aménagé*

*Escondida entre la maleza, la finca 'De Klinze' en Oudkerk (Frisia), del siglo dieciocho. Una hermosa casa de campo en medio de la rústica esfera del parque adyacente*

*Nascosta nel verde, la splendida residenza d el diciottesimo secolo "De Klinze" ad Oudekerk (Frisia), una magnifica villa nell'atmosfera rustica del parco che la circonda*

緑に隠れた18世紀の邸宅'De Klinze'、Oudkerk(Friesland)。のどかな庭園と壮麗な田園邸宅

Eeuwenlang is in Holland strijd geleverd tegen het water. Aanvankelijk primitief, later met moderne middelen. Het gemaal bij Den Oever (Noord-Holland) is een voorbeeld van nieuwere techniek in bemaling

For centuries a battle against the water has been fought in Holland. At first by primitive, later by modern means. The pumping-engine near Den Oever (North-Holland) is an example of the more recent technique in draining

Jahrhundertelang wurde in Holland gegen das Wasser gekämpft, anfänglich primitiv, später mit zeitgemäßen Mitteln. Das Pumpwerk bei Den Oever (Noord-Holland) ist ein Vorbild neuerer Entwässerungstechnik

Des siècles durant on a combattu la mer. Au départ avec des moyens primitifs ensuite de plus en plus modernes. La pompe d'epuisement près Den Oever (Hollande du Nord) est un exemple de ces nouvelles techniques de draînage

Durante siglos se ha combatido en Holanda contra el agua. Primeramente por medios primitivos, después con los más modernos. La máquina de bombear en Den Oever (Holanda Septentrional) es uno de los ejemplos de las nuevas tecnicas de bombeo

Per secoli in Olanda si è combattuto contro l'acqua, inizialmente con metodi piuttosto primitivi divenuti via via sempre più moderni. Le pompe idrovore presso Den Oever (Olanda Settentrionale) sono un esempio delle nuove tecniche utilizzate

幾世紀もオランダで水との闘いが行なわれた。初期は原始的に後に近代的手段にて。Den Oever(Noord-Holland)付近の干拓ポンプ所は新しい排水技術の一例である

Vakwerk: eikehout met een leemvulling. Vooral in Limburg veel toegepast in oudere boerderijen en woningen

Craftwork. oak filled with loam. Especially in Limburg this is much practised on older farms and houses

Fachwerk: Eichenholz mit Lehm aufgefüllt. Vor allem in Limburg vielfältig bei älteren Bauernhöfen und Wohnhäusern angewendet

Un travail délicat: du bois de chêne rempli d'argile. On applique surtout ce procédé dans les vieilles fermes et habitations au Limbourg

Trabajo profesional: madera de roble rellenada de barra. Este sistema se usó mucho en viejas granjas y viviendas en Limburgo

Un lavoro da professionisti: legno di quercia inframmezzato da argilla. Tale metodo è stato utilizzato soprattutto nel Limburgo per le fattorie e le abitazioni più antiche

枠組壁構造：かしの木とローム壁。特にLimburgで古い農家や住居に応用された

Typisch Hollandse bouw: een klokgevel, geschilderd in de traditionele kleuren groen en wit. In Haarlem gefotografeerd, maar in tal van andere steden te zien

Typical Dutch building: clock gable, painted in the traditional colours green and white. Photographed in Haarlem, but it is possible to see this in many other towns

Typisch holländischer Baustil: Ein Glockengiebel, in der traditionellen Farben Grün und Weiß gestrichen. In Haarlem fotografiert, aber auch in zahlreichen anderen Städten zu sehen

Architecture typiquement hollandaise une façade dont le sommet a la forme d'une cloche. Elle est peinte dans les couleurs traditionelles blanche et verte. La photo a été prise à Haarlem mais on peut en trouver dans beaucoup d'autres villes

Típica arquitectura holandesa: un frontis de campana pintado en los colores tradicionales verde y blanco. Fotografiado en Haarlem pero presente en muchas otras ciudades tambien

Architettura tipica olandese: una facciata a campana dipinta nei colori tradizionali verde e bianco. La fotografia è stata scattata ad Haarlem, ma è possibile trovare facciate come questa in molte altre città

代表的オランダの建物：鐘形の切り妻壁、伝統的な色緑と白で塗られている。Haarlem で撮影されたが他の多くの都市でも見られる

Nederland is vlak. Alleen in het uiterste zuiden komen echte heuvels voor, waarin vroeger ook werd gewoond. *Geulhem in Limburg*

The Netherlands are flat. Only in the extreme south can real hills be found, which were once inhabited. *Geulhem in Limburg*

Die Niederlande ist flach. Nur im äußersten Süden kann man von Hügels sprechen, die früher sogar bewohnt wurden. *Geulhem in Limburg*

Les pays Bas sont plats. C'est seulement dans l'extrème sud que l'on rencontre de vrais collines, qui étaient déjà habitées dans le passé. *Geulhem in Limburg*

Holanda es llana. Solamente encontramos colinas en el sur del pais, y esas colinas eran habitadas antiguamente. *Cueva en Geulhem en Limburgo*

L'Olanda è pianeggiante. Solo nell'estremo sud vi sono colline che un tempo erano abitate. *Geulhem nel Limburgo*

オランダは平らである。最南部にだけ丘があり昔ここが住みかにもなった *Limburg のGeulhem にて*

Kasteel te Werkhoven

Werkhoven-castle

Schloss in Werkhoven

Le château de Werkhoven

El castillo de Werkhoven

Il castello di Werkhoven

城、Werkhoven

Kaarsrecht − een weg met aan weerszijden populieren in de buurt van het Noord-Brabantse Lieshout

Absolutely straight, a road with populars on both sides in the neighbourhood of Lieshout in North-Brabant

Geradeaus, eine Landstrasse mit Pappeln in der Nähe von Lieshout in Nord Brabant

Droite comme un 'i' − une route bordée du peupliers près de Lieshout (Brabant du Nord)

Derecho como un palo, así es este camino guardado por álamos a ambos lados en los alrededores de Lieshout en el Brabante Septentrional

Strada rettilinea fiancheggiata da pioppi nei pressi di Lieshout, nel Brabante Settentrionale

真直ぐ、両側にポプラが立っている道、Noord-Brabant のLieshout付近

*Fruitteelt. Vooral in het voorjaar, als de fruitbomen bloeien, levert een boomgaard een sfeervol beeld, zoals hier in het Limburgse Cotessen*

*Horticulture. Especially in spring, when the fruit trees flower, an orchard gives a very atmospheric picture, like here in Cotessen in Limburg*

*Obstbau. Vor allem im Frühling, wenn die Obstbäume blühen, ergibt eine Obstanlage ein stimmungsvolles Bild, wie hier in limburgischen Cotessen*

*L'arboriculture. C'est tout particulièrement au printemps, quand les arbres son en fleur, qu'il est délicieux de se promener dans un verger comme celui-ci, à Cotessen (Limbourg)*

*Horticultura. Principalmente durante la primavera, cuando los frutales florecen, la huerta ofrece una imágen encantadora, como aquí en Cotessen en Limburgo*

◄ *Orticoltura. Soprattutto in prima vera, quando gli alberi sono in fiore, un frutteto offre un'immagine incantevole, come qui a Cotessen nel Limburgo.*

◄ 果樹栽培。ここ Limburgの Cotessen に見られるように特に春、果樹が花で満開の時、果樹園は華麗な風景を見せてくれる。

*De St. Albertsput in Egmond aan de Hoef*

*The St. Alberts Well in Egmond aan de Hoef*

*Der St. Albertsbrunnen in Egmond aan de Hoef*

*Le St. Albertsput à Egmond aan de Hoef*

*El pozo de St. Albert en Egmond aan de Hoef*

*Il pozzo di Sant'Alberto a Hegmond aan de Hoef*

*St. Albert の井戸、Egmond aan de Hoef*

*Kasteel Duivenvoorde bij Voorschoten: ontstaan in de dertiende eeuw, ingrijpend verbouwd in de negentiende eeuw, gelegen in een romantische tuin*

*Duivenvoorde Castle near Voorschoten: originating from the thirteenth century, drastically renovated in the nineteenth century, situated in a romantic garden*

*Schloß Duivenvoorde bei Voorschoten: im 13. Jahrhundert entstanden, im 19. Jahrhundert grundlegend umgebaut, in einem romantischen Park gelegen*

*Le château de Duivenvoorde près de Voorschoten, dont les origines remontent au 13ème siècle, radicalement transformé au 19ème siècle, au milieu d'un jardin romantique*

*El castillo Duivenvoorde en Voorschoten: se construyó en el siglo trece siendo reconstruido en el diecinueve, se encuentra rodeado de un romántico jardín*

*Il castello di Duivenvoorde pressoVoorschoten; realizzato nel diciottesimo secolo e radicalmente ricostruito in quello successivo, è circondato da un romantico giardino*

*Duivenvoordeの城 Voorschoten付近：13世紀に建てられ、19世紀に徹底的に改造され、ロマンチックな庭に立っている*

*Een deel van Nederland wordt tegen de zee beschermd door metershoge dijken die
soms, zoals hier in het noorden van Friesland een kronkelend verloop hebben*

*Part of the Netherlands is protected from the sea by dikes of several metres high with
sometimes, like here in the north of Friesland, follow a winding course*

*Meterhohe Deiche schützen die Niederlande vor dem Meer. Sie haben manchmal,
wie hier im Norden von Friesland, einen schlängelnden Verlauf*

*Une partie des Pays-Bas est protégée de la mer par des digues hautes de plusieurs
mètres qui parfois, comme c'est le cas ici dans le nord de la Friese, ont un cours si-
nueux*

*Una parte de Holanda se ve protegida del mar a través de altos diques que algunas
veces, como aquí en el norte de Frisia, aparecen como una torcida línea*

*Parte dell'Olanda è protetta dal mare con dighe alte diversi metri e a
volte piuttosto sinuose, come qui nel nord della Frisia*

オランダの一部は数メートルの高さの堤防により海から守られている。そ
れは時々ここ Friesland の北部で曲がりくねっている

*Wachter op de dijk*

*Watcher on the dike*

*Wächter auf dem Deich*

*Gardien sur la digue*

*Guardián sobre el dique*

*Il guardiano della diga*

堤防の番人

*Beeld van vroeger, Bourtange*

*Picture of the old days, Bourtange*

*Ein Bild aus alten Zeiten, Bourtange*

*Image ancienne, Bourtange*

*Una imagen de tiempos pasados, Bourtange*

*Un'immagine del passato, Bourtange*

古き昔の風景、*Bourtange*

*Rietdekkers vernieuwen het dak*

*Thatches, renewing the roof*

*Rohrdecker erneuen die Decke*

*Des couvreurs en chaume, innovant le toit*

*Renovando el tejado de cañizo*

*Il rinnovo del tetto di paglia*

草ぶき屋根職人が屋根を一新する

Anloo, pittoresk dorp in de provincie Drenthe

Anloo, picturesque village in the province of Drenthe

Anloo, ein malerisches Dorf in der Provinz Drenthe

Anloo, village pittoresque dans la province de Drenthe

Anloo, pueblo muy pintoresco situado en la provincia de Drenthe

Anloo, pittoresco villaggio nella provincia Drenthe

Anloo 、Drenthe 州の絵のような村

Vennetje bij Diepenveen

Fen near Diepenveen

Heidesee in der Nähe von Diepenveen

Petit lac près de Diepenveen

Estanco cerca de Diepenveen

Laghetto nei pressi di Diepenveen

Diepenveen近くの沼

*Een schaapskudde zorgt voor instandhouding van de heide*
*A flock of sheep ensures the preservation of the moor*
*Eine Schafsherde sorgt für die Pflege der Heidelandschaft*
*Un troupeau de moutons assure le maintien des bruyères*
*Un rebaño de ovejas se encarga del mantenimiento del brezal*
*Un gregge assicura il mantenimento della brughiera*
羊の群れがヒース原野の存続を守っている

*Vervallen 'stap' in dichtgroeiend beekje*

*Decayed plank-bridge in closing brook*

*Verfallener Steg in einem zuwachsenden Bach*

*Planche dimininuée dans un ruisseau fermant*

*Destartalado puentecito en el arroyo creciente*

*Ponticello in rovina su di un ruscello invaso dalla vegetazione*

草に埋まった小川の朽ち果てた波止場

*Giethoorn, de parel van het veen*

*Giethoorn, the pearl of the peat*

*Giethoorn, die Perle im Moor*

*Giethoorn, perle de la tourbe*

*Giethoorn, la perla de las turberas*

*Giethoorn, perla tra le torbiere*

*Giethoorn、泥炭地帯の真珠*

*Hollands hoekje in openluchtmuseum Arnhem*

*Dutch corner in the open-air museum, Arnhem*

*Holländische Ecke im Freiluftmuseum, Arnhem*

*Un coin hollandais dans le musée en plein air, Arnhem*

*Arnhem, rincón holandés en el Openluchtmuseum*

*Angolino tipicamente olandese nel museo all' aperto, Arnhem*

野外博物館のオランダコーナー、Arnhem

*Tussen de leeuwen (Safaripark Arnhem)*

*Among the lions (Safaripark Arnhem)*

*Zwischen den Löwen (Safaripark Arnheim)*

*Parmi les lions (Parc de Safari, Arnhem)*

*Entre los leones (Safaripark, Arnhem)*

*Fra i leoni (Safaripark di Arnhem)*

ライオンと一緒に（サファリパーク、Arnhem）

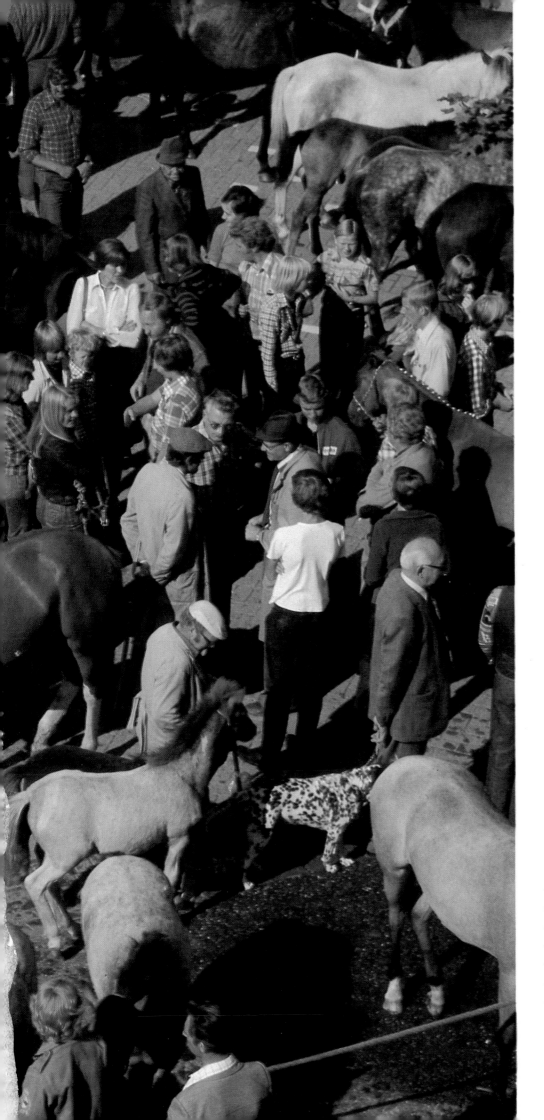

*Paardenmarkt in Bemmel*
*Horse-fair in Bemmel*
*Pferdemarkt in Bemmel*
*Marché aux chevaux à Bemmel*
*Mercado de caballos en Bemmel*
*Mercato dei cavalli a Bemmel*
馬市 Bemmel にて

*Zaans hoekje*

Corner in Zaan-region

*Eckchen in der Nähe von Saandam*

*Un coin du région de Zaan*

*Rincón típico de la región del Zaan*

*Una veduta tipica nei pressi di Zaandam*

Zaan地方の一角

*Kasteel Heemstede, Nieuwegein*

*Heemstede-castle, Nieuwegein*

*Schloss Heemstede, Nieuwegein*

*Le château Heemstede, Nieuwegein*

*Nieuwegein, castillo Heemstede*

*Il castello Heemstede, Nieuwegein*

*Heemstede 城、Nieuwegein*

*Avond in De Peel*
*Evening in the Peel*
*Abend in der Peel*
*Le soir dans le Peel*
*Noche en el Peel*
*La sera nel Peel*
*Peelの夜*

*Ontgonnen stuk Griendtsveen, met ophaalbrug*

*Reclaimed area, Griendtsveen, with draw-bridge*

*Griendtsveen, Urbarmachung mit Zugbrücke*

*Exploitation, près de Griendtsveen, avec un pont-levis*

*Terreno de turberas Griendtsveen, con puente levadizo*

*Area bonificata, Griendtsveen, con ponte levatoio*

開拓地、*Griendtsveen*、はね橋と共に

Zuid-Limburg, bergen en dalen

South-Limburg, hills and valleys

Süd-Limburg, Berge und Täler

Limbourg-méridionale, des collines et des vallées

El sur de la provincia de Limburgo, colinas y valles

Limburgo Meridionale, colline e vallate

Zuid-Limburg、丘陵地帯